时间的宝藏

趁着年轻，谈谈养老

华夏基金管理有限公司 编著

三联书店

Copyright © 2021 by SDX Joint Publishing Company.
All Rights Reserved.
本作品版权由生活·读书·新知三联书店所有。
未经许可，不得翻印。

图书在版编目（CIP）数据

时间的宝藏：趁着年轻，谈谈养老/华夏基金管理有限公司编著. —北京：生活·读书·新知三联书店，2021.10（2022.12 重印）
ISBN 978-7-108-07258-0

Ⅰ.①时⋯　Ⅱ.①华⋯　Ⅲ.①私人投资–基本知识　Ⅳ.① F830.59

中国版本图书馆 CIP 数据核字（2021）第 175148 号

责任编辑	黄新萍
装帧设计	刘　洋
责任印制	董　欢
出版发行	生活·讀書·新知 三联书店
	（北京市东城区美术馆东街 22 号 100010）
网　　址	www.sdxjpc.com
经　　销	新华书店
制　　作	北京金舵手世纪图文设计有限公司
印　　刷	三河市天润建兴印务有限公司
版　　次	2021 年 10 月北京第 1 版
	2022 年 12 月北京第 2 次印刷
开　　本	635 毫米 × 965 毫米　1/16　印张 16
字　　数	159 千字　图 25 幅
印　　数	06,001－12,000 册
定　　价	68.00 元

（印装查询：01064002715；邮购查询：01084010542）

目录

序 一　时间的宝藏　李一梅 …… 1
序 二　"养老自由"需及早规划　董克用 …… 5

第一章　"人间不值得"与"岁月静好"　对年轻人的养老调查 …… 1

想象面前人人平等　90后70岁的一天 …… 2
悉心度过　这一代年轻人的听天由命与漫不经心 …… 18
不辩不明　年纪轻轻有没有必要做养老规划？ …… 29
人生永不落幕　从西塞罗到巴菲特与芒格的一脉相承 …… 40

第二章　多早都不算早　对未来的思考和布局 …… 45

岁月如流，老，或许是一件令人期待的事情 …… 46
当我老了，有1000万，以及丰富的"人生清单" …… 53
如果总做着跟自己年龄相符的事，那就亏大了 …… 67
未来的日子　55岁开始的hello life …… 73
我带着问题探访了养老院，答案出乎意料 …… 81

人类将在哪一年实现永生？ *88*
当世界老了，会发生什么？
  人口是一个国家的命运 *93*

第三章 不知老之将至　灰犀牛的冲撞 *103*

不知老之将至　老龄化的中国防御时刻 *104*
晚婚晚育背后的故事
  一种不可忽视的风险理性行为 *111*
永不退休？ *118*
日本"下游老人"与青年困境 *122*
我在韩国认识的第一位朋友，是个 70 岁的快递员 *130*
年收入 50 万美元的纽约家庭为何哭穷？
  美国人比中国人爱存钱 *137*
这 30 万人，为什么来这里吃饭？
  700 家免费食堂里的温暖 *147*
青与银　代际融合的"无龄社会 1.0" *151*

资源很少人们很老，也能向往美好
　　日本养老服务精细体系的启示 160
一念之善如何改变世界　AARP 背后的女人 169
新加坡的故事　既励志，又残酷 177
"惜食堂"与强积金　香港之路 181

第四章　如何在退休时拿到 1000 万？ 191

我们离幸福晚年还差多少钱？ 192
北上广深青年，"养老投资"怎么办？ 198
"105% 姐"与"50 元哥"何来？ 209
复利的力量有多大？　领取 1000 万元养老金的方法 217

第五章　养老目标基金　集结中的主力军 221

公募基金 20 年蓄势　担当养老金投资管理主力军 222
关于养老目标基金，我们必须知道的 9 件事 231

序一

时间的宝藏

李一梅

华夏基金总经理

新冠肺炎疫情给我们的生活和观念都带来了不小的影响。现在更多人开始反思生活,关注自身健康和养生。跑步作为一项便捷、有效、经济的体育运动成为很多人首选的健身方式。还有一些人更是将马拉松这项长跑运动纳入健身计划。其实,自2012年起,中国就出现了马拉松热潮,"跑马"成为越来越多中国人心中强健体魄的"梦想巅峰"之一。

从2014年开始,华夏基金一直是北京马拉松赛事指定赞助商,在与"北马"携手的这些年中,我们也注意到了一些"趋势"——高龄跑者越来越多,且成绩越来越好。

比如在2019年的"北马"中,年近70岁的关景学完成了他的第15个"北马"。3小时01分的成绩,让很多年轻人汗颜。2019年"北马"各类统计数字显示:60~64岁选手男女平均成绩为4小时16分11秒,碾压39岁以下各组年轻小伙们(30~34岁4小时41分23秒;35~39岁4小时16分56秒)。而65岁以上的选手平均成绩为4小时27分19秒,与29岁以下年轻人的平均成绩4小时25分49秒相比，仅相差不到2分钟！

再把时间往前推，高龄跑者的故事更多。2017年，中国合肥马拉松赛场上出现了一对成功完赛的金婚夫妇——80岁的胡应福与71岁的王章敏。

而这并不是最高纪录。

2011年，多伦多滨水马拉松，100岁的英国人Fauja Singh以8小时25分17秒完成全马。

要知道，马拉松全程为42.195公里，是挑战身体极限的运动，它要求全身几乎所有机能都处于强健状态，以支持体能与精神度过"临界"时刻，冲破体能墙。即便对于年轻人来说，这也是极大的考验，它需要长期的训练。这些高龄马拉松选手，称得上是"硬核跑者"！

回望人类整个历史长河，这些高龄马拉松跑者更是用笑容和脚步创造了生物学上的奇迹。先秦时代，国人平均寿命很难超过25岁，在多灾多难的晚清、民国时期，平均寿命未超过35岁，而据国家卫健委发布的统计公报，2019年我国居民人均预期寿命已达77.3岁。同样的趋势出现在世界各国。"二战"后，随着医学和经济的大幅发展，我们得到了这个星球前所未有的馈赠：长寿。

这是人类作为命运共同体的奇迹，不知不觉之间，我们获得了前所未有的宝藏。当然，问题也随之而来：我们是否掌握了这份"馈赠"的使用说明书？我们还能掌控我们的生活方式吗？

长期以来，我们所赖以运行的社会体系都是针对过往的人均寿命来设计并确立的。当下，面对这份"馈赠"，我们似乎并没有准备好，我们还不那么清楚如何面对忽然多出来的、由无数个体累加而成的、规模如此庞大的"时间"。

长寿是时代的硕果，但是，如果没有未雨绸缪，它同样也可能是一个挑战。在任何一个社会，老龄化都是一个"根目录"问题。根据国家统计局发布的数据，2000年，我国65岁及以上人口达到7%，中国开始步入老龄化社会。2020年年末，这一数字已增至13.5%。2020年，中国空巢独居老人人数已进入亿人单位。中国发展基金会发布的《中国发展报告2020：中国人口老龄化的发展趋势和政策》预测，中国在2022年左右，由老龄化社会进入老龄社会，届时65岁及以上人口将占总人口的14%以上。30年后的中国，大概率是：每3个中国人中就有1个人在65岁以上……

老龄化是一头灰犀牛，正朝着我们疾奔而来，我们不得不去面对，去思考，去准备！漫长岁月之后，面对人生最终章，我们应该如何应对？

在《星际穿越》这部经典电影中，我们或许可以找到一些启示。对于很多《星际穿越》的忠实"粉丝"来说，整部电影里最震撼的场景中一定包含这一幕：浩瀚星空下，布兰德教授给男女主人公壮行时，低沉诵读着：

Do not go gentle into that good night,
Old age should burn and rave at close of day！

Rage, rage against the dying of the light.

这是英国诗人狄兰·托马斯1951年写给病危的父亲的诗。关于这段文字，有很多版中文译本，我自己比较喜欢这一版："绝不向黑夜请安！老朽请于白日尽头涅槃，咆哮于光之消散！"

我想，这就是我们面对老去时应有的态度。

令人欣喜的是，我们身边已经出现了这样的榜样。就像前面的高龄"硬核跑者"一样，一些人生的"硬核玩家"把长寿危机变为长寿福利，享受命运馈赠的幸福果实。

这些"硬核玩家"是这样的一群人：他们从年轻时就觉察并拥抱时代的巨变，未雨绸缪，有针对性地做人生规划，建立坚实的财务支撑；他们磨砺自己的心志，参与新的制度设计，联合朋友的力量，激活并善用社会资源；他们从年轻时就开始悉心规划并积极准备，当进入晚年时，那些过往的积累和成就，以及丰沛的物质与精神储备，让他们可以更加从容地生活。最后，这些"硬核玩家"会说：哦，我度过了美好的一生，享受了时间的宝藏。

老去不可抵挡，但绝不是没有选择；老去一定会来，但绝不是不可知的未来。幸好我们还年轻，还来得及，幸好我们还能选择，还可以改变。

所以，趁着年轻，我们谈谈养老，想想如何积攒属于我们的时间的宝藏。

序二

"养老自由"需及早规划

董克用

清华大学教授、中国养老金融50人论坛秘书长

2021年5月,第七次全国人口普查数据发布,"老龄化"成为最热的关键词之一:2020年年末,我国60岁及以上者为2.64亿人,占总人口的18.70%;与十年前的第六次人口普查相比,上升了5.44个百分点,已接近中度老龄化阶段(60岁及以上人口数占比超过20%),预计2035年前后我国将进入重度老龄化阶段(60岁及以上人口占比超过30%)。

但是,正如我在2017年提出的,2035年以后我国面临的不是"人口老龄化高峰",而是"人口老龄化高原"。这是因为,尽管在2060年前后我国老年人口数量将达到峰值,并在随后开始下降,但由于总人口数量减少,老年人口的占比依然会在相当长的一个时期内保持相对高位,持续到21世纪末,并且不可逆转,这是我国老龄化的一大态势和挑战!

"人口老龄化高原"给我们带来两点启示:一是现在距离我国步入重度老龄化阶段,仅剩下十多年时间,这是我们必须要抓住的战略机遇期和时间窗口;二是中国老龄化形势的

特点不仅是人口规模大,更是持续时间长。在国家层面之外,个人也应该及早行动起来,早做准备。华夏基金向我推荐的《时间的宝藏——趁着年轻,谈谈养老》,与上述观点十分契合。这本书提出了一个关键理念:"养老"不仅仅是老年人的事,更是年轻人的事,人在年轻时候就应该及早进行养老规划。这个理念,既新颖,也及时。只有从青年、中年时代介入,老年时才更容易实现"养老自由"。从这个意义上讲,这本书如果能帮助读者取得上述共识,将大有裨益。

此外,我注意到这本书对150位年轻人进行了养老访谈,详细记录了他们对老年生活的态度和设想,很有启发。这让我想到我主持的《中国养老金融调查》项目,2017年至今已完成3期,我们也特别关注年轻人对养老的认知。在问卷中我们设计了这样一道题:"您是否担心未来的养老收入保障问题?"。结果发现,越是年轻人,表示不担心的比例越低;已退休群体表示不担心的比例约为60%,70后和60后表示不担心的比例约为50%,80后和90后不担心的比例仅为45%,这说明大部分年轻人对未来的养老缺乏信心。更进一步,我们调查了不同年龄群体养老财富的实际储备和预期储备的差距。结果显示:80后和90后的差额高达40万~50万元,70后和60后的差额约在10万~30万元,已经退休群体的差额不到10万元。可见,越是年轻,养老储备越是不足,距离"养老自由"也越远,他们也就对养老更为担心。这就更加需要全社会一起努力,帮助年轻人及早进行养老规划。

那么,实现"养老自由"靠什么?我认为,在第一支柱

序二 "养老自由"需及早规划

国家基本养老保险和单位建立的第二支柱的年金计划之外，需要每个个体为自己的养老及早进行充分的储备。从这方面来看，积极参与第三支柱的个人养老金是关键，这需要国家给予税收优惠政策、金融机构提供丰富的养老金融产品等一系列工作。目前我国第三支柱个人养老金政策已经试点3年多，制度的顶层设计方案即将正式落地，金融行业也推出了商业养老保险、养老目标基金、养老储蓄和理财等产品，来对接个人养老金投资。其中，养老目标基金因为其针对性和适用性强，已成为国外个人养老投资的默认工具之一。2018年9月13日，华夏基金发行了我国第一只养老目标日期基金——华夏养老2040三年持有混合（FOF），拉开了公募基金助力养老金第三支柱的序幕。截至2021年8月底，市场上成立的养老目标基金已超过100只，规模超过1000亿元，总体取得了良好稳健的投资收益，基金行业助力第三支柱国民养老的探索取得了初步成功。

华夏基金是我国最早成立的三家基金公司之一，也是养老金资产管理行业的先行者，具有丰富的养老金投资管理经验。在投资者养老金融教育方面也投入颇多。他们组织撰写的《时间的宝藏》这本书，以通俗易懂的语言和饶有趣味的故事，讲述了应该如何看待人生的老年阶段，如何布局老年生活，如何进行养老理财规划等内容，兼具知识性和可读性，在个人养老金制度即将落地之时，推出本书既恰逢其时，又恰逢其势，能为投资者更好地参与第三支柱、科学地进行养老投资提供有益借鉴，十分难得！

我相信，在全社会的共同努力下，一定能建立适合我国国情的第三支柱个人养老金制度，进而健全多层次多支柱的养老金体系，构筑国民养老保障安全网，增进国民的养老福祉！最后，我也祝愿读者、投资者诸君：及早规划，实现自己的"养老自由"。

是为序！

第一章

"人间不值得"与"岁月静好"

对年轻人的养老调查

想象面前人人平等

90 后 70 岁的一天

一边是"人间不值得",一边是渴望岁月静好。想要和 60 后一样的晚年,90 后怕不是在做梦?

在写作本书的过程中,我们邀请了 150 位年轻人,畅想自己"70 岁的一天"。大多数人的第一反应竟是:

"什么? 70 岁? 活不活得到还是个问题。"

"我认为我活不到 70 岁。"

"我会和天使生活在一起,因为那时候我已经挂了。"

根据国家卫生健康委员会发布的《卫生健康事业发展统计公报》:至 2019 年年末,我国居民人均预期寿命已提高到 77.3 岁。此前有官方预计说,到 2030 年,国人预期平均寿命将达到 79 岁。

但是,问题的关键其实不在于"能否活到 70 岁",而在于:这一天对于 30 岁的年轻人来说,实在是遥远到虚无缥缈。

好吧,万一活得到呢?

仍有 25 人表示想象不到,或坚持自己"活不到 70 岁"而拒绝作答。其余 125 人,也许是出于对提问者的礼貌,强迫自己对遥远的这一天做出了具象化的描述。在个性问题之外，提问者设置了三个固定问题：

一、70 岁的一天和谁在一起？在哪里？做什么？
二、对 70 岁的自己说一句话，会说什么？
三、给 70 岁的自己寄一个快递，会寄什么？

先来看一下受访者的年龄分布情况：

此次调研的受访者全部是 90 后，他们多是调研人员的朋友圈熟人，而调研人员也以 90 后为主。为了有参照系，我们也邀请了少数其他年龄段的人。最后得到的有效参与者有 125 人，按年龄段划分如下：

天命组 60 后（49～58 岁）5 人，占比 4%；
不惑组 70 后（39～48 岁）3 人，占比 2.4%；
而立组 80 后（29～38 岁）19 人，占比 15.2%；
早熟组 90 后（19～28 岁）94 人，占比 75.2%；
好学组 00 后（9～18 岁）4 人，占比 3.2%。
再来看下受访者给出的答案：

70 岁住在哪儿？

28 人未明确居住地或无法从其描述中判断出居住地。其余 97 人中，92 人描述的是居家养老的场景，仅 1 人认为自己会住在养老院，1 人在医院的病床上，1 人在寺庙出家，2 人想要在旅途中度过余生。

即使是在发达国家,老人住养老院的比例也很难超过5%。我们这次小范围的调研中,希望居家养老的比例为92/97＝94.8%,居然完美拟合发达国家的数据。

居家养老的92人中,有5人明确表示要有一个院子,3人想住在山里,2人想住在海边。当然,我们也祝愿大家都能实现自己的梦想。

70岁谁陪你?

8人明确表示70岁时会是独自一人生活,44人未提到陪伴或情感寄托。余下73人中,26人想要有伴侣陪在身边,14人提到其他家人,9人提到孙辈,17人提到朋友,10人想要养宠物,各有1人提到同事、学生。另外,有2人想象会有仆人伺候,1人想要阳光、沙滩、美女相伴。

还有几个有趣的点:

1. 9个提到孙辈的人中,2人是60后,占该年龄段的40%,余下7人全部是90后,占该年龄段的7/94＝7.4%。有一点出乎意料,毕竟,很多时候90后会被贴上"自私自利不婚不育"的标签。当然,这个统计结果,也可能是因为90后占受访者的基数比较大。

2. 幸福的晚年,除了健康和财富,情感陪伴和精神寄托也是非常重要的。除了传统亲朋好友的陪伴外,我们发现了两种另辟蹊径的形式:2人想要修禅礼佛,与佛祖相伴;1人表示有游戏就很满足,因为游戏是他的命根子。

70岁在干啥?

除了"吃饭睡觉"这类维持生命体征必需的活动外,被提到最多的单项依次是:

看书:21人;

旅游:19人;

散步:14人;

运动锻炼:13人(其中2人是重度爬山爱好者);

还有13人提到要自己做饭(其中1人要写一本食谱作为传家宝)。

有17人坚持"生命不息奋斗不止",其中7人工作、2人种地、3人学习、3人写作、2人发挥余热为社会做贡献。

有78人忙于各式各样的休闲娱乐和兴趣爱好,其中出场率最高的是:

种花:10人;

喝茶:9人;

打游戏:8人(其中1人在疯狂打游戏);

聚会:7人;

聊天:6人;

广场舞:5人;

棋牌类:5人;

种菜:4人;

看电影:3人;

听音乐:3人;

另有一位30岁的女性律师打算组建一支摇滚乐队,一位

23岁的桥梁工程师想要自己养蜂喝蜜。

只有1人提到要看电视。

另有3位财迷朋友：2人忙着投资赚钱，1人到处收房租。

对70岁的自己说什么？

排除实在不知道说什么以及审题不清的16位受访者，余下的109人：

37人为自己送上祝福和鼓励；

37人给了如何度过幸福晚年的建议；

9人列了自己70岁时要做的事；

5人希望70岁时回首往事，没有因为虚度年华而悔恨；

1人有些伤感，想尽快走完自己的一生；

10人感谢自己辛劳一生、努力活到70岁；

仅有1人想要对自己的伴侣说一声"谢谢"。

还有9个典型没话找话说的朋友，他们的留言是这个画风："我还活着""哈哈哈哈哈哈哈哈""没想到能活这么久啊"……

给70岁的自己寄什么？

101人写了要寄送的东西：

21人寄照片；

15人寄出的物品显示了对健康年轻态的渴望；

10人寄送财富（现金/股票/基金/保险）；

7人寄日记；

6人寄书；

5人寄了亲友的信物；

4人寄信件；

3人寄食物；

2人寄时光穿梭机；

2人寄电子资料；

2人寄活体快递：1个寄了一只狗，1个寄了迪丽热巴。

24样物品仅被提到1次：

有些平平无奇，比如衣服、沙发、吉他、茶杯等；

有的令人动容，比如"老婆见我第一面时候的笑容"；

有的体现了鲜明的人物特征，比如一只机甲、全套任天堂系列产品；

有些人提前想好了与世界告别的方式：送自己一瓶敌敌畏、一艘投水用的船、一口棺材；

还有1位年轻人未雨绸缪，担心老了物资匮乏，想把现在用不到的东西都寄过去。

各年龄段有何特点？

好学组00后为最佳励志鸡血组。本次调研，唯一一位提到希望70岁完成阶层跃迁的选手，就出自这个组。还有一个10岁的小姑娘，贡献了本次最佳励志答案：

"最近我正在看日本作家稻盛和夫的《思维方式》，书中写道：世上分人，第一种是自燃型的人，第二种是接近火源就能被点燃的人，第三种是即使火也燃烧不了的不燃型的人。读到这里，我便问起了我自己：你属于哪种人？我毫不犹豫地告诉自己：我会是第一种自燃型的人！所以，70 岁的时候，我一定还在辛勤地工作。"

对未来抱有最多梦想的也是来自这个组。

90 后·早熟组，竟然是岁月静好派。这一组人数最多，但答案多有雷同，下列词云大致能反映整体情况：

90 后脑海中"70 岁的一天"

而立组 80 后和 90 后大致相似。值得一提的是，这组有人提出了"组团养老"的设想。

不惑组 70 后，样本太小，仅 3 人，略过不谈。

天命组 60 后，虽然受访人数也很少，5 人，但看他们的答案，可以感受到一些不一样的特质。这个年龄段的人，正由中年向老年过渡，相较于 80、90 后空泛的喝茶聊天聚会旅游，他们描绘的 70 岁的生活，更加实际。

总体来说，除了 00 后，其他各年龄段对"70 岁的一天"的描述没有显著差异，毕竟想象面前人人平等，而现实的差别是：60后即将过上种花养草、喝茶聊天的退休生活，90后不可避免地为可能的经济下行，以及已经如此迫近的老龄化社会而焦虑。

好在，90后似乎自有90后的法宝。从我们对各代人的特征观察来看，90后年轻人属于从小被"黑"到大的一代，成年后，这一届年轻人get到一个迥异于其他年龄段的技能——"自黑"。油腻秃顶、空巢老人、焦虑、丧、佛系，这些"自黑"大旗竟然都是90后先扛了起来。

一边把"人间不值得"挂在嘴边，一边畅想着"岁月静好"的晚年生活，这就是90后。

特别清醒的，亦有之。比如，有一位这样和我们说道："尽管在岁月静好中退休养老是不可能的——这辈子都不可能了，可是又怎样？怎样都是愉快的一天！"

以下，我们选了19个具有代表性的回答与大家分享。除了个别标点符号外，笔者并未改动被访问者的原话：

1. 28岁，女，影视从业者

希望在一个通风透气、充满阳光的小庭院里，和当时最爱的人在一起（估计到那时候，还是不会停止恋爱的）。起床，叫醒老头子，做早饭，一起吃饭，手牵手说说话，在院子里逛一逛，打理打理花草，斗斗嘴，做晚饭，牵手听着蛙鸣看月亮。

对70岁的自己说一句话：这一生，辛苦你了，希望你现在还会撒娇。

给70岁的自己寄一个快递：每个爱过的人留下的信物，不要忘了他们哦。

2. 28岁，女，编辑

70岁的时候，在上海，和爱的人在一起，有各个领域志同道合的朋友经常见面，一起搞搞事情。如果有儿女的话，希望能偶尔来看看我。我会经营一家社区面包店，朋友们常来喝喝茶、吃吃点心。在面包店里开个小课堂，希望我们这些老伙伴们还能发挥余热，给附近社区的小朋友们开一些小课堂。

对70岁的自己说一句话：感谢你，努力活到70岁。

给70岁的自己寄一个快递：一张今年拍的一家四口的全家福。

3. 35岁，中学教师夫妇

两人一起到东郊森林公园散散步、坐一坐，回家吃午饭、小憩，下午喝喝茶、看看书。在有自理能力的前提下，不考虑住养老院。

对70岁的自己说一句话：健康是福（男）；永远保持童心（女）。

给70岁的自己寄一个快递：一束美丽的花（女）；一本爱看的书（男）。

4. 30岁，男，高校教师

70岁时希望在杭州定居，和爱人一起做饭、看书、散步、听音乐。

对70岁的自己说一句话：70岁之前的每一天成就了现在的你。

给70岁的自己寄一个快递：一张现在的自拍照。

5. 18岁，女，大一新生

70岁的我，应该和爸妈（那时候108岁）姐姐（80岁）住在华尔街，我会是和普拉达女王一样的人物，早晨起床（先给自己打个气，每天只吃一粒米），沐浴着晨光喝一杯咖啡，开车去见我的好友，买各种大牌衣服，看秀，吃好吃的东西。这个实在是太不切实际了。或者住在一个远离尘嚣的别墅里，过安静的生活，也挺好的。

6. 54岁，男，工程师

趁着最近一段时间休假，正在老家翻新旧房子。退休了和老婆回来住，种点蔬菜，养养花，再养只小狗，定期去看看两个女儿和她们的孩子。会选择一些地方（国内的和国外的）去旅游。当然我自己在老家会打打小纸牌或小麻将（嘿嘿）。70岁后应该是与世无争、平淡悠闲的、老顽童式的生活。

对70岁的自己说一句话：再活70年。

给70岁的自己寄一个快递：一双名牌运动鞋（继续锻炼身体）。

7. 46岁，男，建筑工人

70岁在老家，6点起床，种地。

对70岁的自己说一句话：我还活着。

给70岁的自己寄一个快递：健康祝福。

8. 35岁，男，创业者

70岁的时候和老婆在一起，在山里写作。

对70岁的自己说一句话：人生才刚刚开始。

给70岁的自己寄一个快递：照片。

9. 51岁，男，中小企业主

70岁的时候，应该在公司上班，和未来接班团队在一起。看他们的工作计划，看日报、月报、年报，各个现场转转，在轻松愉快的环境下开会，留一半的时间给自己到依山傍水的城镇去享受大自然，包括美食。让回忆慢慢成书……

对70岁的自己说一句话：我要在梦幻中安逸地老去！

给70岁的自己寄一个快递：年少时的信件。

10. 23岁，女，市场运营

70岁的时候，不确定会在哪里，我觉得应该是在一个很安逸很舒服的地方，和家人朋友在一起，经常聚会开Party。

对70岁的自己说一句话：一直开心。

给70岁的自己寄一个快递：一套特别漂亮的衣服。

第一章 "人间不值得"与"岁月静好"对年轻人的养老调查

11. 35岁，男，政府机构

70岁，在中国，和家人朋友在一起，起床晨练，看书上网，午饭，出门访友，晚上看看新闻，休息。

对70岁的自己说一句话：好好面对每一天。

给70岁的自己寄一个快递：一本书。

12. 27岁，男，工程师

70岁的一天，应该和爱的人在一起，在哪里就随缘了。自然醒，洗漱完，吃饭，做些简单但是有意义的事情，饱满一天，不饱满就发呆，找人聊天。

对70岁的自己说一句话：努力活到70吧。

给70岁的自己寄一个快递：一封信。

13. 29岁，男，创业者

那时的我应该还是一个"老粉红"，应该还在中国，不确定是不是上海。有想过无牵无挂地移民，但现在觉得无论中国怎么样，我都会参与它的发展，继承它的传统。70岁普通的一天，应该是和老伴儿一起度过的，如果够幸运的话。估计自然醒是早上6点多了，买点豆浆大饼给家人，遛达一会儿再回家。由于惜命怕死，应该不会继续剧烈运动，网络应该还是离不开的，生活的主题应该是两人共同的爱好或者玩乐。可能的选项有桌游棋类益智，花草和猫咪，看书，玩游戏。晚上早点睡。

对70岁的自己说一句话：保命要紧。

给70岁的自己寄一个快递：那时候可能缺钱吧，但是也不知道现在什么东西那时候值钱。那么就寄一些塑封保存的照片之类的吧，记录下现在的朋友和家人的生活，因为可能有动乱或者灾害或者自己粗心丢了一些东西，也许老了想再看看。

14. 30岁，男，研发工程师

70岁，也许会在上海，也许一个人，也许和相爱的她在一起。起的时候很早，出去遛个狗，回来做个早饭，亲一下老婆，一起吃早饭，出去买菜，逛集市，看到商场有促销就逗留看个热闹，在外面吃个午饭或者在家做，下午出去徒步，或者约好友去咖啡馆，晚上回家看电影。

对70岁的自己说一句话：不念过往，不惧将来。

给70岁的自己寄一个快递：老婆见我第一面的时候的笑容。

15. 27岁，女，企业职员

70岁和另一半在一起，生活在苏州。早起散步逛逛公园，做做午饭，下午和朋友喝喝茶看看书聊聊天，做晚饭，散步唠嗑。

对70岁的自己说一句话：过好当下，珍惜每天的日子。

给70岁的自己寄一个快递：年轻时的相片。

16. 27岁，男，码农

70岁，希望可以在海边或山间的小屋里，和家人生活在一起。吃吃饭看看书，怎么开心怎么来。

对 70 岁的自己说一句话：have a good day。

给 70 岁的自己寄一个快递：寄一句话：别留遗憾。

17. 28 岁，女，程序员

70 岁，和天使生活在一起，因为可能已经挂了。

对 70 岁的自己说一句话：好好待着吧。

给 70 岁的自己寄一个快递：82 年拉菲。

18. 25 岁，男，金融分析师

70 岁的一天，在瑞士，和喜欢的人在一起，看太阳，聊天。

对 70 岁的自己说一句话：感谢你的奋斗。

给 70 岁的自己寄一个快递：一片银杏叶。

19. 28 岁，女，财务

70 岁，在无锡，和家人在一起过着简单幸福的生活：一日三餐，晨暮日常。

对 70 岁的自己说一句话：要好好活着。

给 70 岁的自己寄一个快递：一只狗。

在这个调查做完一周之后，我们意外地发现：一些年轻人在冷静之后，开始换位思考。

比如，有一位受访者回头找我们说："可能我们和老年人

之间,相互都是不可理喻的吧。"为什么呢?我们很好奇。于是,她说了一个细节:

"比如,那一天,我和我妈一起去买菜,出门都很开心。我看有卖新鲜的韭薹,很想吃。一想这对肠胃挺好,我妈多年老胃病,吃这个也挺不错。结果她非拦着不让买。我以为她嫌贵,就说我付钱买没关系,她就此生气了,回家路上半天不理我。我以为过一阵就没事了,但快到家的时候,她突然发起脾气来,我实在是莫名其妙。第二天我才知道,她不想买韭薹是因为嚼不动,而不是嫌贵。我把对老年人'抠搜'的标签摁在了她身上,这大概让她很难过吧。在路上发脾气是因为我走路步速太快,她跟我一起走很累很着急,所以生气了。如果我从她的角度思考这件事,可能问题就会不一样,毕竟,将来我也要老的。"

这个反馈让我们理解到一个之前并未显现的道理——年轻人从来没有经历过老年。所以,年轻人对老年人的认知,诸如"轻信、固执、不可理喻",大概属于一种刻板印象。

包括"弱小",这何尝不是一种偏见?生活中,我们总是被各种偏见所裹挟。

过去,类似刻板印象并不会被凸显,但在超老龄社会,当3个人中就有1个是老年人时,刻板印象恐怕就要引发更多的代际冲突。

笔者再回看调查结果,发现这种刻板印象无处不在:

在本次调查的回答中,"吃美食""看书""环游世界"出现的频率很高,但是,仔细一想:对于大多数老人的牙齿、视力以及疏松的骨质来说,这些事是很难毫不费力去"享受"的。旅游更是一件需要时刻注意安全的事。

心力、智力和记忆会随着年龄的增长而衰退,所以,并不是所有老人都能够格外清醒地迎接自己的退休生活。在本次调查中,很多年轻人想要和爱人、子女一起走完余生,但对一部分人来说,这种简单朴素的愿望其实是一种奢侈——我国有大约1000万阿尔兹海默症(老年痴呆)患者,他们在变老的过程中,将逐渐忘记自己60岁、40岁、20岁时发生的事,最后只留下婴孩时期的记忆。

在日本,被称为"富裕一代"的1945~1949年生人,不少已面临破产危机——刚退休不久的日本老人,不仅要供养长寿的高龄父母,还要为在经济低谷期无法找到工作的"啃老子女"提供经济支持。2018年4月,日本明治安田生活福祉研究所发布一项调查说,在退休前的50~64岁正式员工中,约80%的日本人希望在退休后"继续工作"。

但是,在我们的本次调查中,几乎所有的年轻人都认为,退休就意味着不必工作,只有2个人提到自己会继续工作下去。与此同时,几乎没有人考虑过,目前习惯"月光"的经济现实,是否能支撑那么美好的晚年想象。

好在,想象面前人人平等。想到这一点,又稍稍愉快了起来。

悉心度过
这一代年轻人的听天由命与漫不经心

既浪漫又慵懒,既清醒又迷糊。大概是因为,现实的残酷尚未充分清晰地展现在面前。

如果评选过去 10 多年里中国最重要的电视剧,2009 年开播的《我的团长我的团》必在榜单之列。它的主题是战争,然而,正如影评家们所说,这场战争超越了民族恩怨,不仅是国与国之间的对话,更是战争与历史、历史与人性、人性与命运的对话。

剧中,令人印象深刻的一幕是初遇"团长"。一队中国士兵刚刚在缅甸降落却因坠机而困窘异常,为了激励士兵去救援被困机场的英军盟友,"团长"龙文章仰望苍天,对并未信服自己的士兵们说了一段话,大意是:英国士兵"死于狭隘和傲慢",中国士兵"死于听天由命和漫不经心"。

"死于听天由命和漫不经心"这句话,仿佛黑夜中的一道闪电,深深地印在作为观众的笔者心里。在此后的诸多生活场景中,这句话总是跳出来。

第一章 "人间不值得"与"岁月静好"对年轻人的养老调查

　　既浪漫又慵懒，既清醒又迷糊

　　2018年、2019年，富达国际与蚂蚁财富各完成了一次《中国养老前景调查报告》，2020年，富达国际与支付宝共同完成《后疫情时代中国养老前景调查报告》。

　　三次调查都面向年轻人。2018年的调查以"中国年轻一代的养老储备现状"为主题，覆盖了28440位蚂蚁财富用户，75%受访者为18～34岁的年轻一代；2019年的调查覆盖面扩大，有50050名蚂蚁财富用户参加了为期一周的调研，73%的受访者仍是18～34岁的年轻一代；2020年的调查覆盖了支付宝平台上61189名用户，其中49%为18～34岁，16%为35～39岁。

　　一直以来，很少人知道，中国这一代年轻人的"水"有多深。因为，信息时代下的他们，生活具备圈层化的特点，似乎每个群体都生活在各自的"信息茧房"中，彼此不了解，穿透圈层并不容易。连续3年的调查，算是一次小小的探查，而且，调研出一些有用的信息。

　　我们先看2018年的调查结果：

　　大部分调查对象期望及早退休，这一期待的平均值为57.6岁。很少有人认为自己65岁以后还会继续工作——持有这个想法的年轻一代只占9%。

　　他们似乎对全球包括中国正在延迟退休的趋势缺乏明确的感知，以至于当韩国人80岁还在街头拼命工作的文章出现在朋友圈时，便立即被刷屏。

　　大多数调查对象还相信，他们将会拥有舒适的老年生活。

年轻人认为,为此,他们需要163万元。然而,理想很丰满,现实很骨感。仅有不到1/3的人表示,他们在选择养老储蓄产品时注重长期回报。即便年轻一代每人每月将21%的收入(1339元)存下来用于养老,他们也需要接近60年才能达成他们认为所需的养老储蓄目标。

54%的调查对象承认,并未开始为养老而储蓄。这其中,38%的人说,还没有考虑过这件事情。

认真读着报告中各种各样的数字,"死于听天由命和漫不经心"那句话又在笔者脑海里跳了出来。什么叫作"漫不经心"?这就叫作"漫不经心"。

同样值得注意的是:年轻人们虽然对自己未来的晚年生活充满"迷之自信",在另外一个问题上却特别清醒:只有5%的人认为,他们的晚年会得到子女的支持。这是与上一世代普遍性的"养儿防老"完全不同的认知。

这一届年轻人,似乎既浪漫又慵懒,既清醒又迷糊。大概是因为,现实的残酷尚未充分清晰地展现在面前。

"信心赤字"出现了

不过,从历史的眼光看,不做分析地指责年轻一代不未雨绸缪为养老做准备,未免有一些"何不食肉糜"的味道。

新世纪之前,我国自1949年以后出现过三次生育高峰,分别是1950~1956年、1963~1973年、1986~1990年。其中1986~1990年出生的人数约为1.2亿,这部分人目前处在30~35岁。

第一章 "人间不值得"与"岁月静好"对年轻人的养老调查

　　认真看看现在年轻人真实的生存状态，也许会多一些感同身受。

　　在我们所访问的人群中，有这样一位在上海工作的普通年轻人。从一所财经大学毕业后到上海找工作时，他身上只有3000多元。

　　他的第一站，是嘉定区丰庄附近的一家无证小青旅，住六人间，包水电网费，租金是每月700元。"和我一起常住的，有四处串场子折腾B-box的北京小哥，有备考公务员的四川老兄，有KTV的服务生，还有一个做游戏代练的阿宅。"这帮年轻人都没钱，所以，虽然关系不错，一起吃饭的时候，谁也不常请客。考公务员的四川兄弟快没钱了，吃了将近1个月的西红柿青菜挂面，还是不行，就跑去和老板娘商量，能不能晚上睡客厅沙发、平时帮忙打扫卫生减房费。老板娘心一软，答应一个月300元，才让他勉强撑过那段日子。

　　4年之后，我们访问的这位年轻人在浦东一家写字楼里谋了个文职，渐渐安顿下来。他的几位舍友去向如下：在KTV的兄弟跑回老家参军；阿宅签了工作室，每天起早贪黑做游戏直播；考公务员的大兄弟在进出口公司做报关员；B-box小哥一边卖健身卡，一边给音乐培训机构当B-box老师。

　　4年间，这几位年轻人的工资少说也涨了四五千，但聊下来后发现，他们要考虑的问题是旅游、买房、恋爱、结婚，以及即将到来的养娃，哪里还有精力考虑养老？

　　年轻一代，尤其是北上广深一线城市的非富二代年轻人，要花钱的地方太多,养老问题还没有来得及"提上日程"。

与其说不准备钱来养老,不如说是缺钱。

现在我们来看第二个调查结果:《2019年中国养老前景调查报告》。

从基本面来看,形势依旧。仍有超过一半的年轻一代(52%)尚未开始为退休储蓄,而对于已经开始储蓄的人(48%),储蓄水平仍未达到目标。但是,已经有一些积极的变化了。比如,78%的人有了退休储蓄目标的概念,而2018年这一比例为65%。已经开始采取积极行动、着手储蓄的年轻一代比例,也从2018年的44%增加到48%。

值得注意的是,相比2018年,2019年的受访者关于退休准备方面的自信程度下降不少。2018年尚有44%的受访者表示有信心(包含"非常自信"和"较为自信")在工作生涯结束时有足够的储蓄,2019年,这一比例降至32%。

"信心赤字"出现了。

在已经开始储蓄的受访者中,对达成退休储蓄目标充满信心的受访者也从2018年的55%降至今年的40%,只有少数受访者(6%)依旧表示"高度自信"。

另有一项调研显示,同中国一样,英国年轻一代也没有高度重视退休保障,他们直到30岁以后,才开始对退休保障越来越重视。

2020年的调查时间是5月,这一年的变数是新冠肺炎疫情,全球范围内,不确定性均达到一个高峰值。结果显示,所有年龄段中,为退休储蓄的受访者比例持续提升了,过半

第一章 "人间不值得"与"岁月静好"对年轻人的养老调查

（51%）的年轻一代受访者和近六成（59%）的35岁及以上人群已开始为自己的财务未来做准备。这与2018年相比有了显著提高，当时这两个数字分别为44%、50%。月均储蓄额也从994元提高到了1334元。

可见，国人对未来安全感的追求在逐步提升。

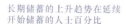

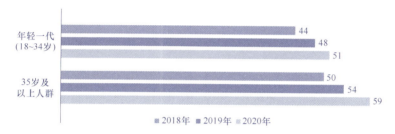

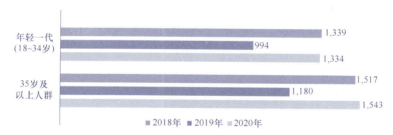

数据来自富达国际、支付宝2020年9月《后疫情时代中国养老前景调查报告》

调查还显示，虽然大多数人更加现实了，但仍然有强烈的提前退休的意愿，受访对象的退休年龄目标为57.6岁。这一数字较2019年（55.8岁）略高，与2018年首次调查时完全相同。

实际上,也是在 2020 年,国家的公共政策层面已经明确提出"实施渐进式延迟法定退休年龄"。延迟退休已经从理论探讨层面逐渐步入实操阶段了。

大概是已经感知到社会"温度"的变化,越来越多的受访者意识到需要学习投资知识。2019 年,18~34 岁人群中,只有 9% 的人认识到,缺乏知识是开始储蓄的障碍;到 2020 年,这一数据提高到了 24%。

与此同时,这三年来,退休储蓄目标也在逐年下降,2020 年已经降到了 150 万元。这说明,受访者对于退休后的财务需求和目标不够明确。当然,这也不奇怪,另据《富达国际全球退休调查》,在美国、英国、德国和日本,也有 39%~52% 的人士不了解他们需要多少钱来维持其退休后的开支。

最大的障碍仍然是"钱不够用",50% 的人表示收入不足以支撑长期储蓄。49% 的人表示每月开支几乎耗尽了所有收入。

	年轻一代（18~34岁）(%)	35岁及以上人群 (%)
所获固定收入不足	51	48
每月固定开销占据大部分收入	54	44
不懂养老/长期理财的投资方法	24	20
不确定舒适的养老生活所需的储蓄金额	20	19
不希望降低目前的生活品质	19	15
政府养老金可以在我退休后提供足够的经济资助	9	17
有太多养老理财产品,不知道哪一款合适	9	9
太忙,没有时间理财	9	7
其他原因（请详述）	7	8

资料来源：富达国际和支付宝理财平台
百分比数据加总结果并非 100%,因为受访者可以选择多个选项

值得重视的"替代率"

如果我们再观察已婚的年轻人,会发现,这一代人面临的问题是如此同质而普遍:

看上面,过去的"上有老",一般是父母双亲,如今的"上有老"是夫妻双方的父母双亲、爷爷奶奶,往往是8位;

看自己,他们是历史上空前的"独生子女"一代;

看下面,当前在鼓励生二胎,也就是说,他们的"下有小"与上一代也不同,养育负担更重。

河北省有一位幼儿舞蹈教师、摄影爱好者张审军,她到安新县医院看护生病老人时,听说隔壁病房一位中年人家中的两个老人同时生病了,和爱人忙着照顾。张审军由人及己,感触顿生,拍了一张照片。2016年,这张取名"独生子"的摄影作品参加了一个摄影比赛,随即在互联网持续刷屏。

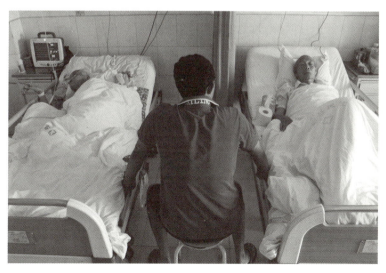

《独生子》,张审军 摄

这张照片触到了社会的痛点。经历了 30 多年的独生子女政策，许多中国人都和"独生子女"或多或少有关系，可能是独生子女的爷爷奶奶，也可能是独生子女的爸爸妈妈，以及，可能是自己。如今，人口结构性的压力渐增，当夫妻双方的父母均生病时，一些中年人已经能感觉到那种扑面而来的压力：比自己养老更着急的，是把当前的老人养好。

世界银行的数据显示：在中国，银行储蓄占国内生产总值的比例，从 2009 年的 50.5% 下降至 2015 年的 45%。

这种下降趋势延续至今，这说明，中国的高储蓄率正在下降，更多的人正在花费自己的积蓄。年轻人越来越倾向于使用信用卡以及网络小额贷款。这种对未来收入的透支，渐成扩大趋势。政策层面对此已有反馈。2020 年 11 月 2 日，银保监会会同央行等部门起草了《网络小额贷款业务管理暂行办法》征求社会意见，引起广泛关注。这一办法的特点是大幅度降低贷款限额，以此防止借款人过度负债。

如果我们细致而广泛地观察各大社交媒体，将不得不注意到：这一代年轻人尤其偏爱"熬夜修仙"，消耗身体。

这是另一种透支。

以及，越来越多的年轻人"不着急"结婚生子。甚至，他们也越来越不关注公共事件，而是躲进小楼成一统，只在自己的小圈层中消磨时光。

敏锐的观察者会感觉到那种听天由命的劲儿——反正，将来总会好的吧。虽然大家内心都隐约知道，没有人能绝对保证将来会好。

前面提到的那个调查里有一个细节：很少有人认为，退休后要靠养老基金、租金收入、股票来获得收入。有超过半数的年轻人表示，他们将依靠现金储蓄和社保作为退休收入的主要来源。只有少数人意识到投资对于实现退休目标的重要性。

年轻一代对有效的养老投资策略也处于一知半解的状态。在购买养老投资产品时，只有不到1/3的人表示会优先考虑长期回报。

可叹的是，基本养老的关键词"替代率"始终为众人所忽视。而"替代率"的整体趋势是越来越低。

2018年6月，国务院有关部门宣布：实施企业职工基本养老保险金中央调剂制度，对各省养老保险金进行适度调剂，确保基本养老金按时足额发放。简单地说，养老保险金的中央调剂制度，就是从各省的养老保险金中提出一部分形成"资金池"，由中央统一调剂使用。

人社部副部长游钧说，养老金结余主要集中在南方、东部地区，其中的7个省份占全部结余的2/3。

接下来的几十年里，老年人会越来越多，而年轻人将越来越少；年轻人越来越少，社保资金池的水源就越来越小，而支出又越来越多……尽管政府会积极行动，推出相关的政策，来应对基本养老保险的现实，但是，很显然，在全新的老龄化时代，每一个人都需要行动起来，而不是听天由命、漫不经心地无所作为。

打有准备的仗

让我们回到《我的团长我的团》。

这部43集连续剧的开头,是一支中国军队在缅甸因为装备问题溃散,军需官龙文章穿着一身军服假冒团长,他连拉带拽,奇招迭出,硬是将一千多名散兵集合到一个队伍里。

这些失去组织的士兵原本听天由命、漫不经心,但是龙文章不愿意听天由命,不愿意看到大家漫不经心;他知道,不抵抗,分散的士兵们将成为日军的靶子,陈尸异国丛林;抵抗,尤其是集合起来玩命抵抗,反而会给日军以打击,鼓舞已经在丛林中消失的士兵的士气,还会给妇孺华侨一个活命的机会,给友军打出固防的时间。

故事的最后,他真的带着一些人回到了祖国。

今天的年轻人,不能再接受"听天由命和漫不经心",而是要打有准备的仗。

不辩不明
年纪轻轻有没有必要做养老规划？

"养老是年轻人的事",这是我们的共识。那么,这种想法经得住拷问吗?一旦分阵营旗帜鲜明地辩论起来,也许会有一些意料之外的发现。

2019年3月,华夏基金就将公司内部的年轻人组织起来,就养老这个话题进行了一场辩论。

辩论会现场视频已通过微综艺节目《不辩不明》上传至网络,以下为现场实录(名字非真名):

【主持人陈老师】大家好,欢迎大家来到首档理财类舌战秀节目《不辩不明》,我是本次节目的主持人陈老师。今天,坐在我左手边和右手边的正反两方辩论队,画风迥异,人也洒脱,他们都是活跃在华夏基金各个工作岗位上的新生代年轻人。欢迎各位的到来!

【辩题】我们今天的辩题是:年纪轻轻,到底有没有必要做养老理财规划?前一阶段,《都挺好》热播,不知道大家都看过没有?反正我的朋友圈已经被刷爆了。这部剧里,最火的是苏大强，老了没钱，投资被骗，被保姆骗婚。如果他年轻时能够为养老留下一些钱，也许就不至于这么惨，是不是？当然了，也有人不同意，认为年轻时要拼搏，成为剧里的苏明玉，养老就自然不是问题了。那么看看今天现场的辩手怎么说，有请正方一辩。

【正方一辩"国际付"】Hello！大家好，我是"国际付"，目前在华夏香港子公司工作。可能在座的朋友跟我一样，曾经以为香港或国外的年轻朋友对养老应该不屑一顾，因为他们追求的不就是"活在当下"嘛。但真的是这样吗？

有一次在工作中，我接触到一位香港朋友的父母。这对老夫妇年过70，但是生活非常充实，会用社交网络，参加各种social party，做运动，做SPA。两个老人已经开着房车去过全世界30多个国家，当我对他们俩的生活投去羡慕的眼光时，老太太骄傲地说："Make sure you have enough money before you get old！"（变老之前务必攒够钱哦！）他们幸福晚年生活的花销从哪里来的？

我们先来了解一个有关养老金的术语。国际上衡量退休后收入有一个通用指标，叫pension replacement rate，翻译过来叫作养老金替代率。它指的是你退休时的养老金领取水平与退休前工资收入水平之间的比率。

有数据说，近几年美国的养老金替代率已经达到103%。而我国部分地区养老金替代率才40%左右。（40%替代率数据来源：《2015～2020年中国养老金行业专项调研及投资价值预测报告》，宇博智业咨询顾问机构）

103%意味着美国老人的退休收入甚至超过了工作收入。这一点光凭政府保障和退休工资是做不到的。所以，年轻时就开始做养老规划，在国际上已经是一种新时尚！

如果说"我能想到最浪漫的事就是跟你一起慢慢变老"，那么这幅美好的画面怎么离得开经济支持？所以，我想说，不是每一次投资潮流都值得追赶，但是养老投资理财真的物超所值。

【主持人陈老师】好！我听懂了里面提到的"养老金替代率"，我也用华夏基金的养老金计算器算了一下，我本人的养老金替代率只有20%，令人着急。下面有请反方一辩。

【反方一辩"曹吐槽"】对方港姐真是都市精英、白领丽人，人长得美，可惜想得也太美了！

大家好！我是"曹吐槽"，今天我必须得吐槽吐槽对方不切实际的幻想！

第一，不要相信他们所说的，只要投资就能成功。要是光投资就能成功的话，那巴菲特不得满大街都是了？有人说，多少千万富翁都是靠坚持投资，那你是不知道他们之前可都是亿万富翁啊！我们有那么多钱来投资吗？

第二，年轻人别从众，养老不用趁早。你想要早早养老投资，老了成为不一样的烟火，最后发现，人家能在天空中绽放，自己就是听个响的鞭炮。说实话，什么是幸福的老年生活？答：幸福不是有钱消费，幸福是老了能不遭罪！人老了幸不幸福，主要看身体、看心态、看家庭，不是看钱。

第三，花钱给人带来的幸福感，是随着年龄的增长而减弱的。我姥姥常说，人越来越老了，剩下的时间越来越少了，以前论天儿，现在论秒了，连居委会发大米都不愿意去领了。老了这钱花起来是真不痛快，想吃点好的吧，没吃两口就塞牙；想穿点好的吧，怎么都穿不出来精气神；想出去旅个游，刚到火车站就开始腰疼，哪还出得了远门？

我姥姥语重心长地告诉我，也托我转告大家：年轻时不用想养老，船到桥头自然直！

【主持人陈老师】好！反方一辩姥姥说得非常有道理，但是请你说你姥姥的时候不要老看我好吗？让我非常紧张，不由自主地觉得自己很老。我们一辩的辩论就到这里，有请正方二辩。

【正方二辩"汪正经"】大家好，我是"汪正经"。生活不止眼前的苟且，还有诗和远方。那么，我认为只有认真规划自己的人生，严丝合缝不出差错，才能抵达远方。

让我们先来聊一聊老龄化，根据北京大学国家发展研究院发布的统计，2005年，中国每6.1个劳动力供养1位老人，到2025年，这一赡养比会变成2.5∶1，而到2050年则是1.6个适龄劳动力赡养1位老人。这意味着80、90后未来老了很可能面临"老无所依"的境地，到那个时候你还敢"活在当下，及时行乐"吗？估计只能买煎饼馃子不敢配菜，喝珍珠奶茶不加奶盖，吃大碗宽面"累觉不爱"。

或许很多人会说，吃饭而已，自己有点储蓄怎么凑合都行。但是明天和意外，到底哪个先来，这很难回答。生活总是充满了未知，万一摔倒呢？万一生病呢？该到哪里借钱？

而且，没有提前规划，能不能安心退休都是个问题。正所谓你若规划好，告别工作早，你若寅吃卯粮，996 到老。如果没有理财带来的被动收入，我们怎么能在年老时安心地放下工作享受生活。

大家可能都已经注意到了我身上的肱二头肌。我呢，是个狂热的健身爱好者。养老投资就跟健身一样，短期很难看到效果，但长期效果可观。在健身时，我们通过每一次发力与拉伸，通过长期带着汗水的坚持，来收获肌肉的增长。同样的道理，在做养老规划时，我们也通过自身的精细规划、长期坚持来收获一切尽在掌握之中的安全感。

人们都说退休以后要享受生活。可哪有什么天生如此，只是规划早早开始而已。

【主持人陈老师】好！汪同学提到了很多数据，也提到了情怀，然后把健身和养老做了结合，我觉得非常好。但是，我也看到反方二辩已经坐不住了，你的反方辩词一定非常精彩，好，我们掌声欢迎！

【反方二辩"文艺张"】世界这么大，我想去看看，我是"文艺张"。4月15日，巴黎圣母院遭遇大火，已然面目全非。我既遗憾又庆幸，庆幸在去年，我没有把钱用来储蓄养老，而是给了自己一段在黄昏下听着巴黎圣母院钟声漫步的经历。

我认为年轻人没必要开始养老，理由很简单，因为年轻就是应该造。

第一，青春要有青春的精彩。我们这代年轻人从小就生活在压力之下。小时候我想学画画成为下一个达·芬奇，但是爸妈只关心画画能不能给升学加分；考研时我想报艺术硕士，但是周围的人都劝我，说搞艺术不好找工作。到了今天，我可以自给自足，终于有钱决定自己的生活了。对方却告诉我省吃俭用攒下来，去远方的那张机票，还得用来养老投资。一辈子都被压力所裹挟，我们这一生什么时候才能过自己想过的生活呢？

第二，年轻要有年轻的态度。树有春夏秋冬，人有生老病死，这是无法拒绝的自然规律。既然人生是一辆单向行驶的列车，那我们就应该到什么时候做什么事情，在什么阶段有什么态度。年轻时就开始考虑养老，看似未雨绸缪，实则未老先衰。现在就一心求稳，以后面对人生的机遇怎么还会有冲动和勇气呢？

人生是走一程山水，观一路风景。巴黎圣母院已经永远定格在了昨天，不要让巴塞罗那的圣家堂、翡冷翠的博物馆、圣米歇尔的浅滩，继续成为我们年轻人的遗憾。

【主持人陈老师】好，我觉得反方二辩说得特别有道理，就是说年轻就要造，然后年轻就要活出自我是吧？好，现在进入了我本人最喜欢的开杠环节。那么我们先有请正方，正方谁开杠？好，正方三辩，自告奋勇。

【正方三辩"罗养生"】我们文化人以文会友，来一段歌曲battle，键盘老师来给一个music——我穿过这个舞台，问问对方辩友，老了能有几个人来陪我，何不趁着年轻早点投资占优，早做规划发现爱的小河，若要想衣食无忧更想活得有feel，老了还能喝上一壶好酒，虽有社会保障，那点儿怎么能够，老了我不希望奔忙依旧。

【反方一辩"曹吐槽"】来，拿我的琴来——我要去沙漠绿洲，我要看海市蜃楼，伦敦和巴黎它在那儿等候，那么多山川河流，世界它非常温柔，我不想老了之后无福享受，生活的压力很大，世界也那么大，精力只能用来活在当下，泰国、新加坡、马来西亚、咖喱和那肉骨茶，我现在就想马上出发！

【正方合唱】什么旅行传说？什么理财投资金额？你不能只趁年轻唱高歌，反正时间还多走遍每个角落，我要去无尽的苍茫星河，白天黑夜交错，老了也要婀娜，蹉跎了岁月不能蹉跎自我，前方迷途太多，坚持才能洒脱，我只想永远逍遥游又快活。

【主持人陈老师】好，我们现在反方还有一次报仇的机会，反方谁来杠？

【反方二辩"文艺张"】我来。正方二辩，我问你，我们年轻人是不是该有自己的兴趣爱好？就比如我是艺术展控。这不，国际威尼斯艺术双年展就要开始了。我省吃俭用，半年前就调好了年假，订好了机票。我做我喜欢的事情有错吗？

【正方二辩"汪正经"】有爱好是没错的。去这一次艺术展当然可以，但是你不能各国艺术展都去一次吧？人总归是会老的，老了想吃得好要不要钱？想穿得好要不要钱？万一生病，要不要钱？满足一些奢侈的爱好和有一个幸福的晚年，孰轻孰重呢？

【反方二辩"文艺张"】我不要听你这大道理，我想去做我喜欢的事情，我们年轻人就不配拥有爱好吗？

【正方二辩"汪正经"】有爱好也得有远见。适当享受一下爱好，把剩下的钱投在养老理财里，让自己的一生都舒舒服服的不好吗？

【反方二辩"文艺张"】你明明也是个年轻人，但活得却像个小老头。有些事错过了就是错过了，我明明现在就可以去，为什么要等？

【正方二辩"汪正经"】因为人不是蜉蝣只活一天，"把握当下"和"只活当下"，那区别还是很大的。年轻时候能挣钱却不做规划不加节制，不去考虑老了怎么办，老了不挣钱了，总不能指望天上掉金子吧？

【反方二辩"文艺张"】不，我们女生的青春，每一分每一秒都是珍贵的。如果在最美的年纪都没留下什么浪漫的回忆，那么到老了还有什么值得回味的呢？我们女生想要的是浪漫的一生，而不是为了养老抠抠搜搜的一生。不懂的男生，活该单身。

【主持人陈老师】开杠环节非常精彩。现在，我们到了最后一个环节，总结陈词。我们先有请我们的反方，第三辩，我们的"张德纲"！基金界最会说相声，相声界做投资最专业的"张德纲"，有请张老师。

【反方三辩"张德纲"】啊！养老，没钱你养什么老。大家好，我是"张德纲"。对方一辩把养老忽悠上了国际水准；对方二辩，使劲吆喝养老投资，说来说去，就是越早养老投资越受益。我来替大家盘一盘，这中间到底有多少水分。

当下做养老投资的到底划不划算？我给您算个数，改革开放40年来，人均工资从40元到7000元，增加了174倍；但如果40年前，不吃不喝，把40元工资全部用来投资，年化收益10%可以了吧？才增加到45倍，也就是1800元，和前面说的7000元根本没法比。结果表明，低收入阶段投资养老不划算。而且，投资是有风险的，10%的年化收益坚持40年，1800元，如果我投资水平差点，大类资产配置错了，标的选择错了，交易水平差了，我还赶不上低保呢，这折腾犯不上、犯不上。

归根结底，甭说对方今天又说又唱，其实分析问题的时候都少看了一点。一个人的养老啊，当然要靠自我努力，但也要考虑国家的发展，一个人的养老一定是一个国家养老的缩影。几十年后国家养老会怎么样？不妨看看几十年前和现在的对比。三四十年前的中国和现在比，算得上一个穷，一个富，在穷的时候天天琢磨几十年后的养老问题，出现的情况就像我们刚才算的，瞎操心。而拿我们现在和三四十年后比呢？我对咱们国家的发展前景有信心，在我们的三步走战略中，21世纪中叶，人均GDP达到中等发达国家水平，人民生活比较富裕，基本实现现代化的目标。那么我们现在琢磨养老问题，不又是穷的时候为富的时候操心，瞎操心吗？

我们上一辈人年轻时，一大家人挤在胡同的小平房里，而今，住房问题改善，物质、精神文化生活也都比较丰富，现在安享晚年靠的可不是40年前的养老投资，而是国家的发展，现在的问题在未来都不是问题。养老也是这样，经济发展了,社会保障水平必然也会快速提高。我们需要做的,就是努力工作,争取几十年后,多领养老金。

千言万语汇成一句话:一个人的养老啊,当然要靠努力工作,也要考虑国家的发展,其他的都是瞎操心。

【主持人陈老师】观点非常明确,我们现在有请我们的正方三辩进行最后的总结,大家掌声欢迎!

【正方三辩"罗养生"】大家好,我是罗养生。我是一个非常爱养生的人,具体是怎么样表现的?可以看到早晨蜂蜜加温水,枸杞泡茶是标配,凡是吃辣要喝凉茶,做颈椎操我不累,大家可能会觉得有点夸张,但是我是这么想的,年轻的时候不养生,老来的时候我就养医生,是不是?

我给大家简单地算一笔账,我们每天上班很累,对不对?我们只需要花5分钟的时间,简单地做一做颈椎操,会怎么样?很舒服,是不是?但是我们想想北京城现在最便宜的按摩需要多少钱?80块钱一个小时,一周得3次。

其实养老和养生我看来是相通的,为什么养生?是为了老了以后有一个好的身体,而我们养老是为我们老了以后有更多的钱,那又有好身体又有钱,这么两全其美的方式我是当然想早早地拥有了,所以说我是希望大家更早开始我们的养老投资,也更早开始我们的养生。

早一点开始养老投资有什么好处?假设我们现在35岁开始投资到65岁,每个月投资1000元,如果说年化收益只有6%的话,会发生什么?我们到了退休的时候就可以有100万元的收入,这是一个非常高的收入。如果我们提前五年投资,

30岁就开始投资，我的本金只需要多投资6万元，但是我最终可以多拿到将近50万元的收益，这就是复利的力量。1000元可能你们会觉得多对不对？你们都喝奶茶都喝咖啡，一天15块钱总还是要的，一个月下来就是450元，这450元如果我们拿来做养老的投资，其实也是一笔很可观的投资本金。当然了你们可能会说，咱们生活这么辛苦，不喝奶茶不吃夜宵多么无聊，但是怎么说呢，这是一个长期规划和短期享受的选择，我们可以选择把自己的钱放到一个短期的让自己享受的事情上，但是我建议大家选择把这些钱放到一个长期的投资里面。我自己爱养生，我老了以后有健康的身体，我自己做养老投资，我老了以后我的荷包是鼓的，这是一个长期规划的结果，所以说养生趁早下手。吃啥牙口都有；养老趁早下手，龙虾鲍鱼在手。让我们搭上时间的便车，让它载我们一程。

【主持人陈老师】非常好，把养生和养老结合起来，也提到了复利的力量，越早投资，就越能感受到复利的力量，养老投资就像滚雪球。

今天我们的辩论非常精彩，两边各有各的道理，所谓外行看热闹，内行看门道，听了这么多，我们还是需要去听养老投资专家的建议。

人生永不落幕
从西塞罗到巴菲特与芒格的一脉相承

晚年的最佳保护铠甲，是一段在年轻时被悉心度过的生活。

面对未来，年轻人应该怎么办呢？让我们听听长者的话。

在大约60岁的时候，古罗马的西塞罗——一位拥有丰富人生的政治家和文学家——写下了那本著名小册子《论老年》：

"无论是白发还是皱纹，都不可能使人突然得到或失去威望，因为，一个人最终享有威望乃是他早年品行高尚的结果。我所赞美的，只是那种年轻时代已经打好基础的老年。轻信、健忘、邋遢、马虎，并不是老年本身所固有的缺点。只有那些懒散迷糊、昏聩的人，才是如此。比起老年人来，年轻人往往比较任性和放荡，但也不是所有的年轻人都是如此，只有那些品性不好的年轻人才是如此。老年痴呆，也不是所有老年人的通病，只有心智不健全的老人才是如此。"

这是西塞罗历经沧桑后的肺腑之言。在那个年代，西塞罗这样60岁以上又知识渊博的老人，是国家的瑰宝。

跨越千年，西塞罗的思考与总结仍然打动了很多人。1744年，本杰明·富兰克林出版了一本书，书中就包括了西塞罗《论老年》的这段译文，这是美国人首次将其从拉丁文翻译成英文。

富兰克林的这本书就是《西塞罗论美好人生》。

"在写这本书的过程中……我所产生的种种想法……既轻松又有趣……以至于它们已经使老年生活显得美好而舒适。"是的，在富兰克林看来，与其说西塞罗在讨论老年，不如说，他讨论的是如何度过美好的一生。

有一个段落，如今越来越多地被不同的场合引用：

"晚年的最佳保护铠甲是一段在它之前被悉心度过的生活，一段被用于追求有益的知识、光荣的功绩和高尚的举止的生活；过着这种生活的人从青年时代就致力于提升他自己，而且将会在晚年收获它们产生的幸福果实；这不仅是因为有益的知识、光荣的功绩和高尚的举止将会陪伴他终生，甚至直到生命的最后一刻，也因为见证了正直的人生的良心和对过往美好功绩的回忆将会给灵魂带来无上的安慰。"

尽力遵守这些忠告的本杰明·富兰克林度过了很可能是有史以来最富有建设性和最幸福的晚年。

富兰克林以记者、作家、发明家、慈善家、政治家、外交家以及美国独立战争重要领导人、美利坚"开国三杰"之一的身份离开了这个世界。而他最初的身份是一个出版商。他的人生，可以用他所组织翻译的西塞罗《论老年》中的这个词来总结：悉心度过的生活。

富兰克林之后,在今天,著名的投资家巴菲特和芒格师法了晚年西塞罗和富兰克林,可谓西塞罗思想的现代传人。巴菲特和芒格,正如西塞罗所描写的老加图,坚守岗位,毫无退休计划,快乐工作,简单生活,通过自己的投资技能,为那些长期信任他们的人提供良好的回报。他们做时间的好朋友,在取得非凡的成功之后,仍然模仿古罗马时代的西塞罗以及美国开国时代的富兰克林,不厌其烦又不失幽默地告诉年轻人应该如何思考和行动。

2019年5月4日,第54届巴菲特股东大会在巴菲特的家乡奥马哈举行。88岁的巴菲特和95岁的芒格再度联袂应对股东的车轮问答挑战,6个小时内共回答了来自全球投资人的55个问题。5月4日是中国的青年节,而巴菲特和芒格看起来仍然有青年般的大脑。

2020年5月3日,第55届巴菲特股东大会因新冠肺炎疫情影响在线上召开,巴菲特在1小时45分钟的"单口相声"

2010年9月27日,巴菲特亮相深圳,
图左为巴菲特的合伙人芒格

后，与芒格共同回答了30多个股东提问，整个直播过程长达4个多小时。

如果我们注意身边，会发现，总有一些长者可以从容地指导年轻人，还能让朋友从远方不辞辛苦地赶来聆听他们的讲话。

这些老年人的共同特点是：他们的心灵总是像一张拉满了弦的强弓，绝不因年老而逐渐松懈。

是的，他们从不听天由命，从不漫不经心。

他们悉心度过，他们从未真正老过，他们的人生永不落幕。

第二章

多早都不算早
对未来的思考和布局

岁月如流，老，或许是一件令人期待的事情

一种美的形态触动心弦的同时，也给人以潜移默化的力量，它告诉我们可以这样恰如其分地老去。

日本古语中，春季被称作"樱时"。

2018年4月，日本冈山县的樱花开得如烟如云如梦如幻。长长的步道染上了粉色的春意，生机盎然、温馨静谧。在这里拍摄的一张照片"樱花之约"在日本社交网站上走红，一夜之间收获了3.8万个转发和14.7万个赞。

究竟是怎样的魔力，令日本乃至中国的网友为之动容？

"我一看到照片就流下眼泪了。"
"一张温暖又温柔的照片。时光也变得温柔了。"
"令人感到平静，是疲惫生活里的一丝慰藉。"

反复欣赏这张照片，并细细翻看了网友的每一条留言之后，我们找到了两个字：爱、美。

爱的层面，说的是YASUTO陪伴奶奶慢慢变老。

第二章 多早都不算早对未来的思考和布局

YASUTO
@yasuto8888

僕とお婆ちゃんとの約束の桜ポトレ。
#東京カメラ部
翻译推文

下午8:26 · 2018年4月2日 · Twitter Web Client

3.8万 转推　　**510** 引用推文　　**14.7万** 喜欢次数

日本摄影师 YASUTO 在社交网站上发布的这张"樱花之约"被广泛传播

照片的拍摄者是画面中老人的孙子，一位名叫 YASUTO 的职业写真摄影师。樱花初开的时候，YASUTO 刚好去九州出差，想到还从来没有为奶奶拍过照片，于是说好回来就带她去赏樱拍照。这就有了风靡全网的"樱花之约"。奶奶、柴犬、樱花的组合唤醒了人们心中对长辈的思念之情：

"暖和的天气里，想起了我的祖父。"
"去了天堂的我最爱的奶奶，想和她一起看樱花。"
"勾起我对母亲的思念。谢谢你拍了一张好照片。"

其中有一条留言是这样的："原谅我的失礼，画中人与我已故的祖母很像。但我是一个不善表达情感的人，没能为祖母留下这样的画面。"

树欲静而风不止，子欲养而亲不待，多么痛的领悟！从 YASUTO 的回复中了解到，其实他也有这样的遗憾：三年前去世的爷爷生前非常喜欢拍照，而身为摄影师的 YASUTO 竟没有为他拍过一张照片。

说起来不可思议，却日日在上演，世间的悲剧大抵如此。

好在"樱花之约"是一次重要的契机。YASUTO 像往常那样将作品上传到主页的时候，根本没料想会收到这么多的关注和赞誉。网友的反馈令 YASUTO 惊喜，也猛然点醒他：不想再后悔了。YASUTO 坚定了为奶奶拍更多照片的决心。于是有了紫藤花、油菜花、波斯菊、紫阳花下的奶奶和柴犬，有了缝纫机前愉快劳作的奶奶和柴犬……

萌宠的力量也不容小觑。老伴儿去世后,柴犬福酱一直陪伴奶奶左右,是奶奶生活里最忠诚最亲密的小伙伴。试想将乖乖坐在一旁的福酱抹去,画面一定不会如此生动、如此温暖,又如此让人觉得安心。

到目前为止,YASUTO 仍然在他的主页继续更新着奶奶和福酱的日常。这些照片有一个共同的名字:爷爷、奶奶和我的作品。每次饱含爱意按下快门的一瞬间,YASUTO 仿佛看到爷爷微笑着陪在奶奶身旁。

看到 YASUTO 为奶奶拍摄的照片,有人立即展开信纸给自己的爷爷奶奶写了一封家书;有人想要为祖母记录晚年生活的点点滴滴;有人开始花更多时间陪伴经常住院的年迈的母亲……

触动心弦的同时,给人以潜移默化的力量,这就是爱的作用。

而美的层面,则告诉我们可以这样恰如其分地老去。

近来市面上流行一句"赞美"老人的话:"年轻时一定是个美人。"初看是惊艳了时光的句子,仔细琢磨就会发现其中的陷阱。这哪里是在赞美"老人",这分明是在赞美"年轻"和"美貌"。这句话暴露了大众观念里根深蒂固的潜台词:"衰老"等于"不美"。

"樱花之约"的可贵之处就在于,它展示了一个身形佝偻、面容松弛的普通老人恰如其分的美。看到这张照片,我们不会去想象奶奶年轻时的模样,不会想要给奶奶的容貌打一个分值,而会不由自主地融化在经过岁月洗礼的整体感觉里,醉心于每一个自然、不矫作的细节里。就像网友说的那样：

"奶奶的衣服搭配得很棒。"
"奶奶的笑容流露出美好的性情。"
"随意穿着的鞋子也是很俏皮呢。"

"樱花奶奶"展示了一种老去的姿态：85岁的时候拥有一只可爱的柴犬，拍美美的照片，平静而喜悦。这种姿态令人感动和羡慕，并且对于普通人来说，是可以企及的。

"不知道我能不能成为这样的祖母。"
"好可爱，希望我85岁时也能这样。"

变老没有那么可怕，温馨的晚年也是一件值得期待的事情啊。

"樱花奶奶"的晚年生活是东亚文化圈中最普遍的一种模式。正如前面写到的150个年轻人描绘自己70岁的一天，得到的绝大多数回答也不外乎这些内容：亲友相伴左右，种花喝茶，逗猫遛狗，含饴弄孙，游山玩水。

我们来复盘一下，到底需要满足哪些条件，才能在85岁时过上类似于"樱花奶奶"的"普通老年生活"。

首先是健康。有时候寿命长未见得就是好事，健康才是更重要的指标。"樱花奶奶"的幸运之处就在于，不仅长寿还很硬朗，尽管处在85岁高龄，却不仅视听力和认知功能都正常，还拥有独立生活的能力和良好的精神状态。可以说，健康的身体在很大程度上避免了晚年破产的悲剧。

其次是财富。"樱花奶奶"要保持目前的状态，起码要无衣食之忧。年轻时及时准备、早做积累，是老年富足生活的基础和保障。

第三是情感。自从爷爷去世后，奶奶总有些孤独和落寞，终日难觅笑容。虽然膝下有儿女子孙，但是并没有太多的情感交流。自从YASUTO带她拍写真，奶奶一度封闭的心敞开了。在孙子的陪伴下，感受四季的变化，收获日常的感动，脸上重新恢复了生机和光彩。

最后是意义。意义感可以从工作、情感、兴趣爱好、对社会所做的贡献中获得。YASUTO后续的照片中，有不少是奶奶坐在缝纫机前工作的场景。缝纫机是奶奶22岁结婚时的嫁妆，而YASUTO也是在缝纫机的声音中长大的。63年过去了，奶奶从未停止使用它。这便是奶奶持续书写人生、获得意义的方式。

以上这四点基本构建起"樱花奶奶"幸福晚年的框架。她是幸运的，但不是所有人都能如此幸运。无数事实告诉我们，失去体面的生活、滑向"下游"，远比想象的更加容易。（下一章的文章中，将会给出更多现实的数据和案例。）

热情洋溢地老去、温柔从容地老去、俏皮搞怪地老去、奋斗不息地老去……老去的方式有很多种。本书介绍了许多幸福晚年的案例，但并不是企图指导大家如何变老，我们只做美好生活的搬运工，尽力讲述，为乐于生活的人呈现更多可能，为陷入困境的人提供一些新的思路，以及如何未雨绸缪。

人生有很多阶段是共通的，就像不可避免地会在15岁撞上青春期，在25岁陷入迷茫，在40岁遭遇中年危机，在55岁感叹东隅已逝。幸运的是，在自己变老之前，我们可以积极参与父母、祖父母的老年生活，协助他们解决面临的困难，陪他们感受生命的喜悦。在这个过程中，我们会对"养老"议题下的"健康""财富""情感""价值"等问题有更加直观的感受。

有理由相信，陪伴奶奶走过这一程的YASUTO，将来面对自己变老这件事时一定会更加从容。

除此之外，唯一能做的就是不逃避。早布局者得自由。

当我老了，有1000万，以及丰富的"人生清单"

在感动中国之前，先感动自己。马旭夫妇的另一参考意义在于其收入结构的完整性。

武汉，号称"千湖之城"。

千湖之中，有一月湖。

春秋战国时期，月湖边，楚国琴师俞伯牙正在鼓琴，樵夫钟子期恰好在附近的龟山。伯牙鼓琴一首，志在高山。子期赞道："善哉，峨峨兮若泰山！"伯牙又鼓琴一首，意在流水。子期又赞道："善哉，洋洋兮若江河！"

两人引为知己。此后，子期病故，伯牙悲痛不已，从此不复鼓琴，史称：高山流水遇知音。自宋代起，月湖边上建起了古琴台，以纪念这一故事。

惊动了公安

2018年9月13日9点，在与月湖古琴台隔汉江相望之处，中国工商银行武汉机场河支行刚刚开门，有两位老人走了进来。在他们身边,各有一位中年男子搀扶。

接待他们的是银行的个人客户经理潘媛。这两位老人身着空军迷彩服,是夫妻俩,其中一位是马旭,潘媛称她为"马婆婆"。

马婆婆说,今天来,是要将300万元转账到黑龙江省木兰县的一个账户。

潘媛将他们请入贵宾室,并报告给了值班的副行长霍继烈。霍继烈注意到,和马婆婆夫妻俩来的两位中年男子,一听口音就不是武汉本地人,而且,看起来和老人并不熟悉,但又模模糊糊地说是马婆婆的"儿子"或"战友"。

霍继烈警惕起来了,因为他知道马婆婆是没有子女的。

他又打电话给了行长刘燕。

两位中年人说自己是黑龙江省木兰县教育局的干部,行长刘燕问,有没有工作证,两人说没带,但是有一份捐赠协议。协议的内容,是马旭、颜学庸夫妇捐赠1000万元给木兰县教育局。

但是,刘燕觉得,这个协议的条款,文字有一些模糊之处,按照协议上写的电话打过去,又没人接,而且,协议是昨天才签的,今天就来转账,不免让人疑虑。

这些年,针对老年人的诈骗"套路"层出不穷。就在当月,福建省厦门市公安局反诈骗中心发布的老年人受骗典型案例里记录,2018年1~9月,厦门警方共接报针对60周岁以上老年群体诈骗警情64起,年纪最大的86岁,最高涉案金额为72万元。从手段上看,冒充亲友、领导的,共发生33

2019年6月29日,黑龙江省木兰县,参加捐款1000万仪式的马旭夫妇甫一下车,激情难抑

起;冒充查案的,6起;冒充客服的,5起;投资理财的,4起。同样也是9月,北京市开庭审理了一起"以房养老"诈骗案,该案受害人已达47户,涉案金额上亿元,该案审理一年来,两位老人最后通过民事诉讼追回了房子。

马旭恰好86岁,而他们涉及的金额,比上述都大。

银行报警了。

辖区派出所民警到银行后,和黑龙江省木兰县取得了联系,证实了两位中年人分别是木兰县教育局局长季德三和办公室主任宋祥利。然后,刘燕在电话里逐字逐句核实了捐赠协议的内容。

就这样,到下午4:47,300万元的转账才算完成。

当时,马旭说,他们还有500万元购买了理财产品,于

2019年3月末到期，计划2019年4月捐出，同时，老人还将捐出在邮政储蓄银行的200万元存款。

1000万元是如何得到的？

当这个小小的社会新闻通过中央电视台新闻频道等媒体播出之后，人们不禁好奇：为什么马旭、颜学庸夫妇拥有1000万元？从哪里来的？为什么绝大多数人步入晚年的时候没有这么多存款？

随着信息越来越多，我们才渐渐明白了这1000万元的构成：

首先是攒下来的工资。马旭是驻黄陂原空降兵某部离休干部。离休时为大校军衔，目前，夫妻俩都是师级退休待遇。木兰县教育局局长季德三说，现在，已经86岁的马旭和爱人颜学庸两人的退休工资加起来，每个月近4万元。而他们两人的开销又极小。

第二，是财产性收入。根据《武汉晚报》报道，多年前，马旭和爱人颜学庸在武汉金银湖买了一套商品房，原本想开间卫生室，后来发现"外面的世界已经变了。不像过去一条巷子的邻居都认识，即便开了也发挥不了我的作用"，于是以400万元卖掉房子，这构成了1000万元中的主要部分。

夫妻俩同时还购买了一些理财产品。

第三，写稿、专利所得。

马旭和丈夫退役前都是军医，隶属于空降兵部队。1983年开始，马旭将医务工作经验与跳伞经验加以总结，在军内外报刊上发表了100余篇文章。同时，夫妇俩还设计了一款"充气护踝"，让空降兵战士着陆时就像踩在气垫上，可减少反冲力和扭伤情况。1989年，该设计获得了专利证书。此后，两人根据高原跳伞训练和水上跳伞训练的经验，设计出了一款"单兵高原供氧背心"，于1996年获得专利证书。在央视的《面对面》节目中，马旭说，专利转让费与稿费收入有"百十来万"。

以上三部分，即工资积攒、商品房升值、专利所得，构成了马旭、颜学庸夫妇1000万元资金的来源。

马旭夫妇的部队经历，不是每个人都能拥有，但是，在各个行业中这种晚年收入并非少见。更大的参考意义在于其收入结构的完整性：他们在劳动所得、不动产投资、知识收益这三个领域里均有表现。

随着马旭的故事渐渐走入大众的视野，人们渐渐发现，她带给这个社会的，并不仅仅是一个爱心故事。

活着就是一种幸福？

采访过马旭本人的《长江日报》记者王晶，以及在2018年小年夜和除夕夜前往马旭家访问的《武汉晚报》记者王恺凝，都对笔者感叹说：1000万元的捐款让她们感觉到了爱心，但是，真正震撼了她们心灵的，是马旭的住处。

马旭夫妇住在木兰山下一个小院子里，属于黄陂区，地处武汉远郊。

这个家里，床是六七十年代的硬板床，沙发是四五十年前的老式沙发，被子也很薄，唯一像样的是书柜。马旭身上的穿着，最拿得出手的，竟然是一双15元钱从地摊买来的红胶鞋，且只有去老年大学和过重要节日时才会穿。平时，老两口身上穿的，基本上都是部队配发的衣服。

后来，在中央电视台的镜头前，木兰县教育局局长季德三回忆起自己第一次去马旭家中时的情形："颠覆了我的眼睛和我们的想象。整个房间，除了书和报纸，几乎什么都没有。我说，马老，看到你的鞋坏成这样，我们感觉很心酸。马老淡然一笑，说，我86岁了，和我一起的战友和首长相继离开我好多年了，我活着就是一种幸福。"

"活着就是一种幸福。"马旭的人生观持续震撼着季德三。

马旭大概和"木兰"很有缘。她1933年在黑龙江省木兰县出生，因为家里贫穷，1947年被送进部队，分到东北军政大学吉林分校，和那位花木兰一样，马旭成了一个女兵，后来，参加了抗美援朝，和战斗英雄黄继光同属一个师，再之后，分配到湖北武汉。

木兰山，因为位于巾帼英雄花木兰的家乡而得名。

2019年2月4日，大年三十，王恺凝来到马旭家里。虽然是大年三十，颜学庸的午饭却只是煮了一点面条。他们平时吃得就很简单，即便过年也是如此。他们还以为头一天是大年三十，晚上回来用电磁炉煮了两碗速冻水饺，"吃到一半才发觉搞错了时间"。本来，军营就在附近，马旭两口子完全有资格到军营食堂吃饭，但是他们没有。"我问他们为什么不去，而是过年也在家里吃速冻饺子。一般来说，个别被塑造的典型会说为国家和军队节约粮食什么的，自我拔高一下。但是，他们没有加戏，只是说，食堂的菜太油了。"

早些年两人还会腌点腊鱼腊肉，现在也放弃了。

"说话特别朴实。不需要人为拔高她。有些话，为了国家为了人民，别人嘴里说出来，我可能首先会质疑一下是不是符合事实，但从他们嘴里说出来，就特别自然，一点不违和。他们大概是那种生来就是这样品质的人。14岁参军时是这样，现在也是这样，到现在都是一张白纸，一张白纸来，一张白纸走。质本洁来还洁去，不需要后天修饰。"王恺凝对笔者说。

2017年9月，黄继光生前部队在武汉举行纪念活动，马旭作为特邀代表参加。

从14岁参军离开故乡，70多年间，马旭仅在1976年回过家乡木兰县建国乡建国村李国宝屯一次。2019年2月18日，中央电视台《感动中国——2018年度颁奖盛典》播出。马旭荣膺"感动中国2018年度人物"。颁奖词是："少小离家，乡音无改；曾经勇冠巾帼，如今再让世人惊叹；以点滴积蓄汇成大河，灌溉一世的乡愁；你毕生节俭，只为一次奢侈；耐得清贫，守得心灵的高贵。"

一个人的晚年，不仅要有经济基础支撑，精神上的自洽和坚持，更是幸福感的源泉。

《感动中国》制片人朱波透露说：2018年《感动中国》有多名捐资助学的候选人，比如浙江省有位老教师捐出全部财产，做了很多扶贫工作。还有好几位院士也有感人义举，有院士捐出上千万元家产。马旭夫妇之所以最终当选，是因为他们的事迹非常感人且富有戏剧冲突,栏目组全体成员都看哭了。"她特别质朴,坚定中带着倔强,比如她每天坚持做操,从不被一些浮华的东西打动。我们在录制节目时,并没有深挖什么,我们能如实呈现出她这种状态就已经足够了。"

我们可以这样理解,在 1000 万元之外,马旭还将一派率真单纯守到了晚年,也为晚年带来了更多的幸福感。

2019 年 4 月 8 日,马旭夫妇来到工商银行武汉市机场河支行,将 557.7526 万元捐给了家乡,随后,马旭夫妇赶往黄陂区的邮政储蓄银行,将在此存储的 142.2474 万元全部汇出。两笔合计 700 万元,加上前面提到的 300 万元,完成了捐款 1000 万元的心愿,兑现了承诺。

亲爱的,你慢慢飞

马旭 2018 年才出现在大众舆论视野中。其实,马旭夫妇早已在小众群体中显示了自己不平凡的一面。

2015 年 10 月 13 日,马旭与老伴颜学庸来到临近的湖南省,参加"2015 九九重阳·快乐老人节"。这个活动由《快乐老人报》与一家旅行社共同主办,从全国范围内征集了 9 位中老年朋友来挑战滑翔伞。84 岁的马旭和颜学庸,则是 9 位中老年朋友中年纪最大者。"又体会到了那种飞的感觉。"次日的《潇湘晨报》以《耄耋双飞》为题报道了这个小故事。

两位 84 岁老人的这番飞行,创造了中国滑翔年龄之最。此时,距离马旭第一次真正跳伞的 1962 年,已经过了半个世纪。而她说:我向往蓝天,向往自由,90 岁的时候,还要再挑战飞翔的感觉。

马旭是新中国第一批女伞兵。但这个名分来之不易。

空降兵部队组建后，当时28岁的她被调任军医，是所在部队仅有的两名女兵之一。"我是军医，部队都跳伞下去了，如果我不跳伞，那还有啥用呢？"

不是所有人都会问这个问题。

她向上级申请，领导一看她只有1.53米，又很单薄，体重不到70斤，达不到训练要求，就拒绝了。后来，她就磨到了领导家里，结果，领导给她一手塞一个苹果，说："回去多吃点饭，把身体养好再说。"

结果，马旭用一周时间，在自己宿舍里默默地挖了一个大坑，铺上沙子，然后在沙坑前摆起来两张桌子，每天一回家就跳五百次以上，自我训练。半年后，部队对空降兵进行考核，马旭再次出现在训练场。主管伞训的副师长拗不过马旭的要求，给了她一次试跳机会，以便让她死心，"比别人跳得好就让你跳"。

她跳完后，赢得了围观官兵的掌声。掌声响起，领导也没办法了。

从此，马旭开始正式训练跳伞。第一次正式跳伞时，她当时体重只有75斤，伞包却有100斤。

根据多家媒体报道，当时，如果马旭怀孕，将不得不放弃自己热爱的跳伞事业，因此，颜学庸为了支持她，做了绝育手术。

在《感动中国》颁奖典礼上，当马旭和颜学庸上台时，主持人白岩松抛出了一个敏感话题:"为什么不把那1000万拿出500万来捐给大爷的家乡,另500万捐给阿姨的家乡,咋都捐到黑龙江?为啥呀?"

马旭的老伴儿颜学庸回答说:"黑龙江(木兰县)是贫困县,我们是天府之国富裕的县,所以我们就都捐给木兰县。"

很多人渐渐注意到,马旭和颜学庸并无子女,而马旭,一直被颜学庸宠着。

他总是把一切做得那么自然。在2018年的小年夜,记者王恺凝到访颜学庸家时,看到他正忙着准备早饭,此时他的老伴儿马旭也起床了。颜学庸说:"每天早上5点钟就起来蒸土豆,都是我起来的,因为我感觉她身体稍微差一点,我就多做一点儿。"

正如王恺凝向笔者所描述的那样:"两口子精神上高度一致,以我们世俗的眼光,他们过得很苦,但他们内心很富足,有很多原因,其中很重要的是两个人并不孤独,有人陪伴,如果只有一个人,恐怕就不是这样。"

这个世界上,有一个马旭,很难得。但更难得的是,马旭竟然在那么合适的年纪,就遇到了和自己几乎一样的颜学庸。

与1000万元相比,有一个对的人相伴一生,恐怕是更加宝贵的财富。

学知识不仅是收获,还能延年益寿

得到房地产红利,攒够1000万元,有发明,有爱好,有一个志同道合相濡以沫的伴侣，有稳定的社会地位，以及，长寿，这些已经是一个完美人生的幸福晚年了吗？

马旭用她的努力告诉我们：恐怕还不够。

如果再往前，我们会发现，在更早的2012年5月28日，马旭曾经在武汉《楚天都市报》的一个角落，露了一次脸：《武汉78岁老奶奶第三次冲刺硕考　立志药物研发领域》。当年的5月27日是全国同等学力申硕考试，记者在现场拍到一张照片：一位身穿红衣的老人，送他身着迷彩服的老伴儿走进考场。

这位红衣老人是颜学庸，迷彩服老人是马旭。马旭报考了华中科技大学同济医学院基础医学院研究生课程班。武汉是全国大学生最多的城市之一，有89所高校，大学生人数超过100万人，其中的华中科技大学是武汉两所985高校之一，马旭努力成为他们中的一员。

她在2009年通过了医学专业课程的考试，但外语考试两次都未能通过，这一次，是第三次参加外语申硕考试。当天，老两口早上7:20到达华师考点。排队的时候，一头银发的马旭排得很靠前，但是并未引起大家的围观，大家以为她是来送考的。等到8:10，考生陆续入场时，马旭被保安当成送考的人拦了下来，直到她掏出了准考证，并经过指纹鉴定等检查，才得以进入考场。

以前，马旭喜欢做一些发明，也得到过专利，但总是受到专家质疑。马旭认为，也许自己获得硕士学位，就可以避免这样的尴尬了。"现在很多社区都有老年大学，活到老学到老。"马旭说,尽管自己备考的初衷是为了科研,但学习的过程,更让她感受到生活的充实。

从马旭家中的书柜来看,她的藏书并不精深。当2019年记者再次访问她的时候,她的日语还是没有过关,而颜学庸则继续在旁边陪同她学习日语。

"学知识不光是为了收获,还能延年益寿,脑子不用就会坏掉。"马旭说。

马旭显然对于知识的力量有淳朴的认知。同样是在《感动中国》的颁奖典礼上,马旭说:"我希望我这个钱捐给我家乡的穷孩子们。我希望他们得到良好的教育,有了知识就有了财富,有了财富更有知识,它是个良性循环。"

以马旭为代表的这些老年人,虽已90岁了,还要活出新生。

我们还要重视什么?

马旭夫妇当然很重视钱,甚至可以说,他们视钱如命,做到了常人无法做到而且已经不适应这个时代的极致节俭。但是,有1000万元这个基础,他们还有其他更重视的东西。

以及,出乎意料的,对形象的注重。

王恺凝和笔者分享了一个采访细节:"大年三十那天,当记者来到马旭奶奶家中时,奶奶正在感冒发烧,并没有从卧室里出来。当颜学庸端着面条进去送给她吃时,随行的摄影记者,忍不住好奇,试图在门外拍一个镜头。但是,立即就被马旭奶奶斥责,这是记者见过她唯一一次生气。原来,她没有穿迷彩服,她不愿意这样进入镜头,担心影响小朋友。"

再上一次,武汉电视台录节目,马旭和颜学庸穿着迷彩服,而别人都是棉袄。现场工作人员问:冬天这么冷,你们为什么不穿棉袄?马旭说:"这么重要的场合,我一定要展示一个军人的形象。"于是,即便是彩排,马旭夫妇还是坚持穿迷彩服。

在现场,主持人问她对幸福生活的感受,她说了很多,回去后觉得自己说得不太对,就问电视台:能不能重新录?所以,她确实是在意的,在意一言一行对年轻人的影响。

马旭夫妇的这笔捐款被用来修建一座建筑面积为3300平方米的"文博艺术中心",定位为一个全民受益的公共场馆,选址确定在木兰县新老城区交界处——西邻东环路,北靠松江街的沿江地块,"是整个木兰县的闸口、核心"。

年轻时候的我们常常要思考,到底我们距离一个幸福的晚年还有多远?什么是幸福?怎样的晚年才是值得追求的?我们应该为此准备什么?而马旭,通过她的行动,给了我们一个"马旭版人生清单",笔者将它总结为5条:

1. 1000万元,通过稳定的工资收入、大额的财产性收入、突破性的知识收益获得。

2. 一个在精神世界和现实世界中与自己高度一致的伴侣。

3. 一个可以坚持到晚年的爱好(从跳伞到滑翔)。

4. 一个通过学习可以不断更新的目标(晚年考研究生)。

5. 一个简单的,并不仅仅局限于个人的心愿。

在本书的其他章节，我们将看到，除了马旭式的极致节俭，我们还有更多的途径达到1000万元，以及其他4个条件的目标。

如果总做着跟自己年龄相符的事，那就亏大了

人生啊，有多少"该当如此"本来恐怕是"不该如此"的吧。

有的人，二三十岁就失去了对这个世界的好奇心，过着循规蹈矩的一生，直到默默地离开这个世界，悄无声息。

有一种人，与之相反。

他们乐观、好奇，以及热爱生活。

2018年3月29日，北京市司法局官方微博"北京司法"发布了一位考生领取国家统一法律职业资格考试证书时的照片，迅即引爆网络。司法考试以通过率低著称，近年通过率仅在10%左右。

照片的主角，是67岁的考生吕铁马先生。在北京考区，他年纪最大，7次参考，屡败屡战，最终通过考试。领取证书三天后的4月1日，吕铁马先生与北京京润律师事务所签了聘任合同，办理入职手续，4月2日，正式到律师事务所报到上岗，成为年纪最大的实习律师。

吕铁马说，最不喜欢的事是坐公交时有人给他让座。"我

时间的宝藏——趁着年轻，谈谈养老

☆ 热门

人民日报 V

【北京67岁考生屡败屡战 七次终通过国家"法考"👍】退休后开始学法律，从"律考"到"司考"，再到去年开始的"法考"，北京67岁的吕铁马先生经历了这项考试的三次改革。他7次参加考试，最终获胜。近日，他正式到律师事务所报到上岗，成为年纪最大的实习律师。网友：还有什么理由不努力？@北京司法

2019年04月04日 22:30 来自 新媒体聚合平台

收藏　　　　转发 2137　　　　评论 1315　　　　👍 14574

"北京司法"发布吕铁马的经历后，人民日报微博进行
了转载。图为微博截图

有那么老吗？"他在心里一直把自己当作年轻人。

《人民日报》官方微博报道说，河北省邢台市有一位52岁的养鸡大姐张瑞华，为了用法律知识维护合法权益，自学

法律，三进考场，在 2017 年通过国家司法考试，而且成绩高出合格线 37 分。

在江苏省张家港市塘桥法庭，有一位做了 7 年法庭保安的大叔，50 岁的赵传朱，他高中尚未毕业，为了成为一名公益律师，从零学起，利用站岗的空闲时间来啃书本，累计学习了 300 多本法律专业书籍，刷了不下 1 万道司考真题，用时 4 年，终于通过了国家司法考试。

2019 年初，在另一项以难考著称的注册会计师（CPA）考试上，出现了一位 75 岁老奶奶的身影。

人生就是这样，什么时候开始都不算晚。有一条微博曾引发诸多共鸣："90 岁的奶奶最后悔的事情是：60 岁的时候想学小提琴觉得晚了，没有继续。但是如果那个时候学了，至今已经演奏 30 年了。"

坚持是一种可以培养的精神，而好奇可能是一种天赋，需要挖掘。

日本摄影师笹本恒子生于 1914 年，71 岁时，丈夫去世了，但她还是想拍照，于是，在同龄人退休的年纪，她花费了 6 年时间周游日本。"我喜欢凝视世界，哪怕一点都不知道的事情都要搞清楚，并用照片呈现出来。我可不喜欢想着'我都多大年纪了'再去行事。"

96 岁时，笹本恒子在旅行中认识了一位法国雕刻家查尔斯先生，并开始恋爱！她说："工作使我对生活充满热情，而爱美，则是我一生的必修课！人如果总做着跟自己年龄相符的事，那就亏大了！"

到100岁时，她举办了个人影展，并且获得了"最佳着装奖"。

如今，笹本恒子已经105岁了，却仍然活跃在摄影一线，脸上涂抹着淡妆，顶着一头俏皮的短发。

不知道内情的人绝对想不到，这是一位如此高龄的老奶奶。

总有人问她，保持年轻的秘诀是什么？她的回答是："好奇心。"

是的，到105岁，她还在喝酒吃肉，忙到没有时间思考死亡。以下是日本媒体披露的105岁笹本恒子每一天的固定节奏：

11点就寝，5点起床。
听电视上的英文对话叫醒自己的脑袋。
一边看电视，一边做体操。
喝酸奶润喉咙、滴眼药水。
浏览早上的新闻报刊，会剪取想取材的人和感兴趣的事情。使用笔记本记下这些引起好奇心的事，记下新学会的英文对话和短语。

是的，即便到今天，她还在学习英语。

在中国，也有这样的一位演员——常枫。2019年6月，第22届上海国际电影节金爵奖揭晓，获得"最佳男演员"奖的是96岁的常枫。在电影《拂乡心》中，他饰演一位"回不去故乡"的老兵，表演细腻。到这个时候，常枫已经演了70多年戏。他最初在银行工作，待遇很不错，但他看见别人演戏就心里痒。后来，他到剧团帮着做布景、印剧本。有导演问他："要不要演个戏试试看？"常枫调侃说，自己"就这样粉墨登场了"，然后是《京华烟云》《包青天》等，直到今天。此前，他曾获"金马奖"最佳男主角、男配角和"金钟奖"最佳男演员奖，资历丰富。2008年，常枫获"金马奖"终身成就奖，当时，他已经是高龄获奖者，很少人会想到，他竟然在96岁时再拿一次"最佳男演员"奖。

2017年11月1日，湖南小品演员周卫星在朋友圈贴出了一张自己的裸照："今天我60岁了……没摆酒席只拍个POSE，以示庆贺，哈哈哈哈。"

这张裸照用双手遮住隐私部位，肌肉紧绷，皮肤光滑，身材匀称。

如果他不说自己是60岁，谁又能知道呢？这位并非娱乐圈一线大腕的地方演员，似乎在舞台之外，找到了更有趣的存在感。

这张照片流传开来后，被一些自媒体发现，并称之为"湖南身材最好的男人"。在接受湖南本地媒体采访时，他说，希望用这张照片让年轻人选择健康的生活方式，"远离油腻"。

咦，什么时候轮到一位60岁的人来让年轻人远离油腻了？

但是周卫星真的有资格这样说，他已经坚持健身30年，由瘦弱而变得结实匀称。

周卫星的居住地长沙是一个偏爱夜生活的城市,夜宵盛行。但是,周卫星却已经十几年与夜宵绝缘。他甚至把长沙人最喜爱、最独特的早餐习惯——"嗦"碗米粉也杜绝了。"我已经很多年早餐没嗦过粉了,早餐是自己特制的水果牛奶粥和鸡蛋蛋白粉,把苹果洗干净,削了皮,还有香蕉,然后放在榨汁机里榨汁。在长沙人的观念里,早餐不嗦粉,那吃再多美味佳肴也等于没吃一样,"周卫星说,"后来很多来我家玩的客人都不愿意在我家吃早餐了。"

周卫星释放了他的好奇心,他爱打羽毛球、骑自行车、长跑、健身、射击,探索自己的身体机能可以走多远。他的女儿在新西兰定居,2014年他在新西兰过春节,也是发了一个朋友圈:"春节你们在饭桌上大口吃菜,我却在健身房大把出汗,节过完了,很多人长了腰围,我却长了胸围。"他的女婿是一位外国人,如果仅仅从照片看,反而是周卫星更显年轻。

然而,人生啊,有多少"该当如此"恐怕是"不该如此"的吧。

未来的日子
55 岁开始的 hello life

人生能否再出发？希望，不是靠外界赋予，而是从你自己的身体里面生根发芽。

55 岁的富裕太郎是一个认定目标就会心无旁骛地走下去的人。他的故事是从做出提前退休这个决定开始的。在欢送仪式上，他的离职感言克制而澎湃："一直以来视工作为天职并为之奋斗的我，打算抽离出来，去思考人生中比工作更重要的事情。"

富裕先生已经找到了那个更重要的事情：买一辆房车，和妻子自由地四处旅游，甚至可以说正是因为"房车旅行计划"他才决定提前退休的。秉持一贯果断的行事作风，一拿到提前退休的加算金（日本的提前退职优遇制度），富裕先生就拿去交了房车的定金。

这是 NHK（日本放送协会）2014 年推出的五集电视剧《55 岁开始的 hello life》第一个故事的开端。这部剧改编自日本著名小说家村上龙的同名小说，每集是一个独立主题和人生片段。

五位极为普通的中年男女55岁时的自我突破和矛盾挣扎，在细致隽永却又郁郁无情的镜头下一一呈现。

55岁，人生能否"再出发"

"再出发"的意思是，去做一件从来没做过的事，去尝试一种新的生活方式，去成为一个新的自己。大概不会有人去问一个婴儿、一个大学生、一个30岁的青年要不要"再出发"，因为不论主动与否，"再出发"都是一种常态。

那么，55岁呢？

55岁意味着什么？知乎上有一个提问："人是在多少岁的时候，认识的人相继去世开始变多的？"网友"伏地狂魔"根据2010年人口普查数据绘制出各年龄死亡率对数曲线图，进而得出结论：55岁。

这个话题和数字实在冰冷，却也无比真实。55岁起，人们开始明显地感受到生命的流逝。此后，对于普通人而言，生理机能退化、健康每况愈下、容貌日渐衰朽、疾病不约而至。在延迟退休政策出台前，55岁恰恰也是当前我国女性的法定退休年龄，男性为60岁。退休意味着通过工作带来的经济收入和社会资源被掐断，人生鼎盛期已经过去了。

55岁，中年向老年过渡的这个当口，一念是"人生半百定则定矣"，一念是"草草退场心有不甘"，能跑但跑不快，因此人生能否"再出发"的追问和探讨才变得有意义。

我们继续来看富裕太郎先生"再出发"的故事。

怀着"房车旅行"的美好憧憬"再出发"的富裕太郎，无论如何也不会想到，等待他的将是一场未知的漩涡和剪不断的混乱。

其实从一开始，富裕太郎先生就给自己挖了一个"大坑"。这个计划是要妻子共同参与的，但不知为何，他并没有事先沟通。等到自己一切就绪开始执行时，他才将计划告知妻子。妻子感到非常困扰，一方面她在画室工作，热爱画画到了沉迷的地步，并没有多余的时间陪丈夫四处旅游；另一方面子女虽然已经独立但尚未成家，她认为"房车旅行"显然增加了家庭的经济负担。

"对不起。"太太说。

这一声"对不起"，富裕太郎先生心里面好像有什么重要的东西被打碎了。一向坚定的富裕太郎竟有些迷茫了。于是他决定去和身边的人聊一聊，听听他们的想法。

先是去找一位朋友喝酒。朋友有过类似的人生经历，他对富裕太郎说："因为无法事先体验，任谁都是一头雾水迎来退休。"富裕太郎将这句中性的表述理解为鼓舞，对"房车旅行计划"重新期待起来。

接着约儿子打高尔夫。儿子觉得富裕太郎的计划很棒，叫他不用操心结婚费用的问题，并鼓励他拿出一贯认定了就坚持到底的作风。

最后在与女儿的闲谈中，富裕太郎得到了截然不同的意见。第一，父亲离衰老期还很远，应该更有效地利用时间才对。第二，相比辞掉工作去旅行，忙里偷闲偶尔为之才不会乏味。第三，没有了经济上的负担，旅行才能更加从容。

"你呀，总是说一些现实的问题，男朋友会跑掉哦。"富裕太郎讪讪地打趣女儿。但女儿的话却在富裕太郎心中打入一根楔子，也埋下了某种变数。饱受挫败和空虚煎熬的富裕太郎，终于坐不住了，他瞒着家人偷偷找起了工作。

变成了"55岁的再就业"

曾经看过一个灯谜，谜面是："离休奇遇，并非偶然。打一品牌名"，谜底是："柯达"，"柯"谐音"坷"，坎坷的坷。

33年的工作生涯积累起来的经验和自信，使得富裕太郎并没有料到"再就业"将是一条坎坷的路。

他找到原来公司的领导提出想回去任职，却被领导无情地拒绝。接着打电话给另一位熟人，对方只是叫他走程序投简历。无暇顾及"房车旅行计划"的富裕太郎先生，慌乱中重新穿上西装，去人才市场上寻找工作机会。

他认为，基于在家居装饰方面的销售经验和积累的人脉，再将沟通技巧磨炼一番，问题应该不大。然而最终我们看到的却是一个中年求职者在面试时的捉襟见肘和节节败退：未掌握第二门外语，无海外任职经历，不曾担任顾问或研讨会讲师，甚至不会盲打，被要求准备一份简历时，一脸茫然地问要写多少字。

"再就业"果真如此困难吗？

以富裕太郎先生所在的市场营销行业为例。传统思路是"以产品为核心"，通过拜访、接待、应酬等说服客户购买产品。而现代营销则是"以消费者为中心,以市场为出发点",有效地向市场和消费者传递他们所期望满足的东西的信息。

富裕先生的问题在于,偏安于一方天地,抱着传统销售的那一套,长此以往,自绝于行业发展趋势,也就无法及时更新自己的认知和技能。曾经带给他成功和荣耀的,如今成了他的桎梏和阻碍,最终等待他的只能是被淘汰的结局。

以上是个人层面的问题。

一个人的命运,既要依靠自身的努力,也要考虑到历史的进程。但历史的进程,似乎更加不利。

已经进入"超老龄化时代"的日本,为缓解日趋严峻的社保体系压力,2013年的新法规定:延迟退休年龄至65岁;2020年,又将退休年龄延至70岁。似乎55岁的人想不去工作都不行。但与此相悖的是,企业却鼓励"提前退休"。经济持续低迷,企业经营举步维艰,为降低成本,鼓励"老人早退"以便补充刚毕业的"新鲜血液"。前者年长,工资累计高,而后者体力好、脑子活,便宜好用。这就解释了故事开头,富裕太郎先生除了退休金以外还能额外领取一笔"加算金"。

若不主动辞职,富裕太郎先生或许是能够安安稳稳撑到退休的,冲动早退后再去和年轻人竞争,那就是自寻死路。终于,不堪承受梦想和现实全面破产的打击,富裕太郎病倒了,意志也涣散了,终日郁郁。富裕太郎先生为他的"房车旅行"付出了沉重的代价。

过于真实和残酷，但这就是生活啊

故事发展到这个地步，不禁好奇，这个局要如何破呢？就像当初征询亲朋好友的看法一样，这一次，富裕太郎先生去做了心理咨询。

心理医生对他说，每个人都有自己的时间安排，就算是妻子和父子，也无权去干涉。很多一门心思扑在工作上的中老年男子很难意识到这个问题，或者意识到了却选择无视，从而避免精神上的不安。富裕太郎先生注意到了，并且接受了，这就很了不起。

令富裕太郎先生陷入低谷的这段经历，其实是一个促使他自我调整的契机。在这个过程中，富裕太郎先生找到了"人生中比工作更重要的事情"，不是"房车旅行"，而是与妻子一同享受亲密的二人世界。"房车旅行计划"只是一个手段。销售工作的惯性使得他下意识将"房车旅行计划"当成是一个产品，将妻子当作目标客户，努力说服她接受这个产品。

最后医生告诉他，建立新的人际关系需要时间，也需要勇气。影片的结尾，富裕太郎先生找到了与妻子相处的温馨模式：妻子在山坡上画画，他递上一杯新泡的咖啡，在一旁静静陪伴。此时，一辆房车在蜿蜒的公路上缓缓开向远方。富裕太郎先生对妻子说：两个人共同拥有的梦想，留在以后也是可以的吧。

以上就是富裕先生"55岁再出发"的故事。没有暖心的鸡汤，没有励志的逆袭，没有完美的大结局。真实甚至有些残酷，其他四个故事也是如此：

《失宠》讲述家庭主妇与退休的丈夫如何修复冷淡的婚姻关系。《婚介所》将打零工的女子寻求再婚时的种种难为情展露无遗。《旅行助手》中风流半生的卡车司机，孑然一身之时奋力追逐一段无望的恋情。《重拾飞天梦》里为避免成为流浪汉而四处打工的男子，在路边指挥交通时，偶遇沦为流浪汉的童年好友，并陪他走完人生最后一程。与好友的相遇揭开了尘封已久的儿时梦想与欢乐时光。片子最后，男子拿出一本写着"重拾飞天梦"的笔记本。结尾显得有些沉重，一身病痛、艰难度日的他，要如何去实现儿时的"飞天梦"呢？

可能这些都过于残酷，但这就是真实的生活啊。

约翰·克利斯朵夫问背上驮着的孩子："你叫什么名字，为什么这么重？"孩子说："我是未来的日子。"

电影《这个杀手不太冷》里有这样一句经典对白："Is life always this hard, or is it just when you're a kid?" "Always like this."（"生活总是这样艰难吗？还是只是在你还是个孩子的时候？""总是这样。"）

著名的"勇气赋予者"、流行歌手梁静茹在《给未来的自己》中唱到："不管怎样，怎样都会受伤，伤了又怎样。"

所以，艰难从来不是什么新鲜事。所以，55岁，人生当然可以"再出发"。奥地利诗人里尔克写给友人的信中说："艰难的生活永无止境，但因此，生长也无止境。"认清了生活的真相后，怀着希望和勇气"再出发"，就如同饿了就吃饭、渴了就喝水一样自然。

《55岁开始的hello life》原著的封面上有一句话：希望不

是靠外界赋予，而是从你自己的身体里面生根发芽。

希望和勇气可以被播种，同样也会在逆境中被消磨。从这个角度来看，《55岁开始的hello life》也向年轻人发出了警示：人生半百会碰到诸如"恋爱""结婚""再就业""夫妻关系"等问题，以及很可能陷入疾病、贫困、孤独等不幸。因此，对于未来的思考和布局，多早都不算早。

我带着问题探访了养老院,答案出乎意料

善终这件事,那么难,那么简单。这个社会,远未对如何面对生命的终点达成共识,而且,年轻人没有老年人看得透彻。

向死而生,活出一个丰沛淋漓的人生

一个周末,笔者访问了北京一家养老院,我挨个问老人们:您现在最大的愿望是什么?得到的答案出乎意料,比如:

84岁的孟奶奶:

"现在我就想,有一天呐,我要漂漂亮亮地、高高兴兴地走,驾鹤远行!我这走的时候叫喜丧。我就要这么一个。我和金莲说了,有一天我真不行了,你抱着我,给我化上妆,美美的,你也笑,我也笑,多拍几张照片,给后代留着。我不喜欢哭哭咧咧的。"

88岁的罗大爷:

"我的愿望是三个原则:'三睡、三饱、一了'。'三睡'是早上吃完了睡好,中午吃完了睡好,晚上吃完了睡好;'三饱'是早饭吃饱、午饭吃饱、晚饭吃饱;身体弄好了,最后得个疾病,一了,就好了。什么资历你都得死,你不死吗?

孟奶奶

我现在就不怕死,我怕躺在床上,本人受罪,大伙跟着受累,给国家浪费(资源)。就这三个原则,好好活着。"

笔者人生中第一次走进养老院,一路上有点忐忑,猜想:这本是老人集中之地,和医院一样,感觉贴近死亡。在那里,大概会有很多哀伤吧?大概会有孤独吧?大概会很无力吧?

在生死问题上,中国有独特的文化传统。这个传统最典型地体现在《论语》中的这两句话,"未知生,焉知死?""敬鬼神而远之"。作为华夏文化精神坐标的确立者,孔子回避了死的问题,他说,生的事情都还没有安顿好呢,怎么知道死的事情呢?即便是祭祀,孔子也是"祭如在"。也就是说,就当鬼神是存在的那样去行礼,但却是一直远离的。

因为这个传统,中国人,未曾足够认真地面对死亡,活着的时候,觉得好像永远不会死。在社会的一般认知中,我们的前辈往往忌讳死亡这个话题,乃至字眼。

《红楼梦》"黛玉葬花"一节中,黛玉吟道:"一朝春尽红颜老，花落人亡两不知。"贾宝玉听了，恸倒在山坡上。黛玉葬花，宝玉恸倒，在这一刻，宝黛这两个年轻人忽然站在了死亡面前，也更加明了了对方的心。

这也是《红楼梦》为什么在中国文学中如此闪耀的原因——书中藏有对死亡的领悟。

难道死亡不是被忌讳的事情吗？

当笔者直接和老人们交流，却完全是另一种感觉。

笔者去的养老院叫作北京千禾养老院。它谈不上知名，很普通，属于经济型养老机构，并非笔者后来探访过的那些高端型养老院。笔者选择这里，是因为联系便利。千禾养老院的 CEO 罗圣华原来是北京市委的干部，一直有饱满的公益热情，年近不惑辞职出来为老人服务，自有一番抱负和情怀。

千禾养老院在北京有六处分院，笔者按照距离最近原则，随机去了天通苑以北的平西府院。到门口一看，像一家经济型酒店。这是中午，很安静，门口有老人坐在轮椅上打盹儿，护工走得也很轻，没什么脚步声。墙上贴着最近的食谱。

孟奶奶曾经是一名女兵，罗大爷曾经是一位建筑师。两个老人都是主动谈到了死亡，而且，表情坦然，语气平和，是那种深思熟虑后的流露。对于老人如此出乎意料的答案，笔者毫无准备，用手机拍了两段视频，回来后还反复看。

他们那么朴实，那么通透，远胜于我们这些年轻人。显然，我们对养老院，对老人，对衰老和死亡，都有误解。

原来以为，活得久了，问题就来了。现在看来，反而是我们年轻人把问题想复杂了。

"为什么这样呢？难道死亡不是被忌讳的事情吗？"笔者问院长高金宝。他曾在昌平区民政局工作，和老人打交道的经验丰富，是位很有活力的年轻人。他说："老人最怕的是什么？是不确定性，是未知。他们在养老院，看到大家是如何对待其他失能老人、失智老人的，细节都很熟悉，习惯了，所以，老人们知道自己最不济的时候会是什么样子，知道没有意识的时候会怎样，身边人将怎样对待他。知道了，就安心多了。"

从养老院回来，笔者看了一本书《最好的告别》，作者阿图·葛文德是一位医生，哈佛医学院教授，也是白宫最年轻的健康政策顾问。

他写了一段话，和大洋此岸的高金宝院长的答案恰有些类似：

"高龄老人告诉我，他们最害怕的并不是死亡，而是那之前的种种状况——丧失听力、记忆力，失去最好的朋友和固有的生活方式。"

笔者在养老院所看到的情况，可能恰好解决了这个问题。比如，访问孟奶奶的时候，她正和一位失能老人聊得不亦乐乎，84岁的她称96岁的他为"老祖宗"，说要向他学习。她重新构建了自己的朋友圈，大家形成了新的默契。

访问时，笔者会问一个问题："多久回家一次？"大多数老人都认为我的问题并不正确，纠正说："这里（养老院）就是家。"

他们迅速适应并改造了身边的环境。是啊，对于人而言，需要一个觉得是自己家的地方，就像鱼需要水一样。这里的老人刷新了笔者的认知：原来死亡并不是那么难以面对的事。在文明发达的今天，富有人生智慧的老人比年轻人拥有更从容的人生态度。

告诉整个社会"善终"这件事

英国《经济学人》智库对全球 80 个国家和地区进行调查后，发布了《2015 年度死亡质量指数报告》，中国的排名并不靠前。

它在提示着我们，也许笔者在养老院所遇到的通达案例，并不普遍。

2017 年，已经 78 岁的琼瑶女士，将丈夫平鑫涛生命最后一段时光分享了出来。其中包括写给儿女的信："一、当我病危的时候，请不要把我送进加护病房，我不要任何管子和医疗器具来维持我的生命，更不要死在冰冷的加护病房里。二、所以，无论是气切、电击、插管、鼻胃管、导尿管……通通不要，让我走得清清爽爽。"

在《雪花飘落之前》新书发布会上，琼瑶说："这本书就是他要我写的，告诉整个社会关于善终这件事。"书中记录了她与丈夫的子女如何就"要不要插鼻胃管维系生命"意见不合并最终妥协，以及与丈夫过往的美好点滴。

陈毅元帅的次子陈小鲁，晚年时组建"北京生前预嘱推广协会"，努力推进"尊严死"，提倡尊重死亡的自然规律，给患者提供选择放弃过度治疗的可能。

2016年,陈小鲁的岳母去世,临终前住进了解放军总医院。"她当时就讲,你不要折腾我,我走的时候你别让我遭罪。"陈小鲁说。考虑到患者强烈的个人意愿,医院三次征询家属意见后,并没有采取常规的切开气管、使用呼吸机等抢救手段,而是采取缓和医疗,药物控制血压,控制疼痛,使患者平顺呼吸,最终平静离世。

其实大多数族群的文化都过不好临终这一关。

正如阿图·葛文德在《最好的告别》开篇所讲述的故事:

约瑟夫·拉扎罗夫,一位市政府的行政官,在60多岁时患了无法治愈的癌症——一种转移性的前列腺癌。他掉了50斤肉,腹部、阴囊、双腿积满液体,癌细胞已经扩散到胸椎,对脊椎造成压迫。这个时候,手术既治不好疾病,也不能纠正瘫痪,无论医生做什么,拉扎罗夫最多只能有几个月的存活机会,而且手术本身也有风险——要进入脊椎,打开胸腔,切除一根肋骨,拿掉一片肺叶,将会大量失血,还将引发各种并发症,导致重要器官衰竭的风险很高。阿图·葛文德说,这个手术根本不可能给患者任何他真正想要的东西:排便节制能力、体力,以及过去的生活方式,反而要冒着经受漫长而可怕的死亡风险(这恰恰是他最后的结局),追求的仅仅是一种幻想。

但是,在安宁缓和医疗和手术之间,拉扎罗夫选择了手术,他一下子坐起来:"别放弃我,只要还有任何机会,一定要让我尝试!"八个小时的手术很成功,但是并没有改变什么，病情继续恶化，阿图·葛文德最后不得不拿下呼吸管，把听诊器放在拉扎罗夫的胸口，听着他的心跳逐渐消失。

这个故事促使阿图·葛文德写作了《最好的告别》。这个社会远未对如何面对生命的终点达成共识。

人类将在哪一年实现永生？

即便我们有生之年能见证这一人类历史性的突破性革命,那么,它也将是非常昂贵的。

永生,是人类永恒的命题。从秦汉时代追求"长生不老药",到不少科幻电影里经过改造的新人类,都是它的注脚。

2016年,有一篇《谷歌首席未来学家称人类在2029年将实现永生》的文章吸引了不少人的眼球,它来自《花花公子》杂志社对未来主义者雷·库兹韦尔(Ray Kurzweil)的专访。"在2029年左右,我们将会达到一个临界点。届时医疗技术将使人均寿命每过1年就能延长1岁。那时寿命将不再根据你的出生日期计算,我们延长的寿命甚至将会超过已经度过的时间。"文章称。

这篇采访稿原文并没有提到"永生"这一词,但已经引起大众非常多的遐想。

库兹韦尔谈到了两点:一是技术发展的速度——人类放弃肉身,走上思维意识上传云端、人工智能托管的道路;二是寄希望于生命科学和基因工程领域的发展,也就是保证人类的生理机能，以便让生物学意义上的人类能够长生不死。

在库兹韦尔的预言之外，我们也注意到一些进展。比如，AlphaGo击败世界排名第一的围棋选手柯洁，引发人们对人工智能的畅想；世界上首条柔性人造触觉神经诞生，更智能的人造皮肤离现实又近了一步；科学家在"迷你大脑"上又取得了一点进步；科学家研发出可模拟DNA使细胞分化为不同组织的指令的新型化合物。

必须说明，这些研究都还处在初始阶段，比如，人类对大脑的所知，就实在是太少太少，"2029年实现永生"更接近于一个已经流传千百年的愿望、谈资。至少有一点是肯定的：即便永生真的到来，我们在有生之年见证这一人类历史突破性的革命，那么，它也将是非常昂贵的，我们是否在精神上和物质上做好了准备呢？

在写作前文时，我们对未来进行了话题讨论，以下是我们所讨论的关于永生的若干问题，记录下来，供读者参考：

1. 为什么人类已经能够登上其他星球，却迟迟无法了解自己的大脑？

2. 是什么原因让生物衰老、死亡？

3. 如果我们吃的都是完全健康的食物，我们的寿命会有极大的延长吗？

4. 人造肉安全吗？它与天然的肉类之间存在什么差别？

5. 既然人造肉可以减少温室气体的排放量，为什么没见到大量的市场投放？

6. 分子食品会是人类饮食的发展方向吗？为什么？

7. 细胞一直分裂人就可以不死吗？

8. 我们能利用癌细胞的无限增殖的特性来实现长生不死吗？

9. 灯塔水母"永生"的办法可以在人类身上推广吗？

10. 胚胎干细胞组成的类器官离真正可用于器官移植还有多远？

11. 目前实现保持端粒酶的活性这一过程的研究面临的困难是什么？

12. 对细胞DNA重新编码后细胞就能完全避免病毒的入侵吗？这一过程存在什么困难？

13. 电影《这个男人来自地球》认为，人类即使能够永生，他也不会比同时代最聪明的人更加聪明，你同意这个观点吗？

14. 开发脑机接口，让人脑与电脑相连的神经织网计划离我们还有多远？

15. 怎样解释量子力学多世界理论中的量子永生悖论？

16. 以人类目前的技术，最远可以把宇航员送到哪里并活着回来？

17. 如果你身患重病，只能通过换脑手段来续命，你愿意换上一副陌生人的躯壳并接受完全陌生的社会关系吗？为什么？

18. 换脑技术目前发展到什么程度了？

19. 冰冻保存的大脑可以保留记忆吗？

20. 我们距离真正实现大脑的复制还有多远？

21. 永生后会遇到哪些伦理问题？

22. 如果人类实现永生，地球能承载这么多人口吗？

23. 你认为永生是一种幸福，还是一种负担？为什么？

24. AlphaGo 击败柯洁意味着什么？

25. 人工智能会有自我意识吗？

26. 人工智能会有道德评价的能力吗？

27. 将人类大脑中的信息传输到人工智能终端，抛弃肉体，借以实现永生，这可以实现吗？

28. 20 年后，什么样的工种会被人工智能取代？

29. 为什么许多名人都反对人工智能的相关研究？

30. 人类目前的技术，能够彻底毁灭地球吗？

31. 人类在火星上殖民，可能吗？

32. 我们现在离科幻片中那些不用火箭，任意在星球上起降的航天飞机，还有多远？

33. 新能源何时才能普及？

34. 核聚变能够在 2050 年实现吗？

35. 清洁能源在能源占比中达到 100%，现实吗？

36. 清洁能源无法广泛使用，这其中的问题是什么？

37. 石墨烯电池的出现意味着什么？

38. 基因和计算机技术的巨大进展，哪一个会先到来？

39. 我们老去时会很富有吗？

40. 我们老去时科技会有多发达？能不能帮我们对抗衰

老？能不能让我们想去哪儿就去哪儿？

41. 我们老去时，会有多少我们的同龄人？

42. 如果真的有永生，那么，当永生之时，我们最追求的将是什么？

当世界老了,会发生什么?
人口是一个国家的命运

在得到"长寿"这样一个前所未见的命运馈赠时,各个国家似乎并没有获得它的使用说明书。

年轻人的高生存压力时代与代际财富转移

"泡沫经济"时代之后,日本的年轻人就生活在高压之下。1989年时,日本的消费税税率还是3%,在2014年税率增加到8%。2015年日本政府又开始筹划涨税,声称要将消费税税率涨到10%,这一政策最终在2019年落实。时任安倍政府表示,这笔资金一方面要用来帮助低龄老年人就业,另一方面要用来支付养老金、医疗、看护费用和补贴。

我们可以将这个现象理解为老龄化背景下典型的代际财富转移——政府通过增加税收、延迟退休等方式吸纳了更多税收,减少了养老金开支的受益人数,从年轻人和一部分无法退休的"低龄老年人"那里拿走一部分钱,最后把这些钱支付给全社会年纪最大的一批人。

这些年,中国的网络上也出现了一些似是而非的"新税种"传言,其中影影绰绰的"游戏税""电商税""单身税",让很多依赖网络社区的年轻人纷纷表示"躺枪"。

随着老年人在世界人口中的比例越来越高,每个年轻人的赡养压力将越来越大。

在日本,出现了一些异常现象,比如,"仇老""憎老"情绪的出现。2016年,日本神奈川县川崎市的一位年轻护工将70岁的老人从4楼丢下;横滨的一位护士在老年人输液袋中加入消毒剂,承认用这种手段谋杀了20人。

这是多么令人难过的故事。

在得到"长寿"这样一个前所未见的命运馈赠时,各个国家似乎都没有获得与它匹配的使用说明书。

麻省理工学院年龄实验室创始人约瑟夫·F.科佛林曾预测说,单单美国一地,50岁以上的消费者掌控着83%的财富,未来数十年间,这群人将留下令人咋舌的财富给继承人,这将是史上规模最为庞大的财富转移。

与税收带来的年轻人的财富流向老年人不同,老年人的财富通过遗产又转移给了年轻人。

仓廪实而知礼节。经济快速发展、资源富足时,人们更倾向于做出文明友善的决定。而资源短缺,需要竞争时,一些人就会激发生存本能,变得更为功利自私,人与人之间的关系也充满了疏离与冷漠。比如,日本电影《楢山节考》讲的就是这样的一个故事——贫困的山村有这样一个习俗:老人一到70岁,就要被子女背到山中等死,名义是供奉山神。

我们不仅将目睹史上规模最为庞大、最为波澜壮阔的财富转移，也将目睹那些在夹缝中的"老龄"问题。

生活的真相，每每就在这两者之间。

银色经济/银光经济

"老龄化并不代表社会老化，反而是经济进步发达的表现。"在2018年10月底召开的第四届"银色经济"论坛中，清华大学教授、中国养老金融50人论坛成员杨燕绥如是说，农业经济、工业经济结束后，伴随老龄化而来的将是以智能、健康产业为新经济增长点的"银色经济"。

杨燕绥说，中国有"两个红利"。第一个是针对工作一代的劳动人口红利。需要年轻人有好的身体和好的知识结构，提高人力资本，用科技推动经济。第二个红利是针对养老一代的老龄人口红利。老年人口越来越多，他们的消费就越来越重要，因此要提高老年人的购买力，用老人的消费拉动经济，为年轻人不断提高的人力资本买单。

"两个红利"和我国台湾地区此前提出的"银光经济"理念不谋而合。

2016年，在台北荣民总医院与《联合报》共同举办的论坛中首次提出"银光经济"的概念。在2018年10月出版的《银光经济》一书中，台北荣总高龄医学中心主任、阳明大学教授陈亮恭认为，"银光经济"有三重意义：

一是创造社会永续发展的动能，未来必须靠经济动力来推动，而非将服务公共化；

二是促进世代和谐，年轻世代必须花更多时间去理解长辈，才能做到生意，因而更能与长辈沟通；

三是促进实质的财富转移，让世代间的财富通过两相情愿的经济活动发生转移，避免造成剥夺感。

无论是海峡两岸，还是远在大洋彼岸的美国，都有人乐观地看到银色经济中的金色未来。

当然，看事情要看两面。

从反面看，如果65岁以上的老人占到14%，进入深度老龄化社会，其结果是2~3个劳动人口负责供养1个老人。一旦税费超过10%，年轻人的生活就要做减法。减什么呢？日常开支、养孩子、买房是年轻人工资的三个主要出处，一旦压力过大，日常开支和买房不容易减，养孩子的动机和能力就越来越弱。

如果以上推测成真，这将造成很大的社会问题。

中国面临的挑战太大了——未富先老，在猝不及防的情况下，老年人被要求开启"高消费模式"，一旦老年人选择拒绝消费，压力就将落在年轻人身上。

这会导致什么结果呢？

不妨看看日本的前车之鉴。日本80后被称为"厌消费世代"，顾名思义，就是拒绝消费的一代人。2015年，经济评论家大前研一出版了《低欲望社会》一书，描述了这代人的消费观——低欲望、低消费、失去上进心，与这几年在中国大陆流行的"佛系""断舍离""丧文化"等生活方式遥相呼应。从本质上说，它们都出于一种对未来不安和焦虑的心态，而这种焦虑与老龄化带来的经济压力有关。这本书的中译本的副书名便是"人口老龄化的经济危机与破解之道"。

2007年,东京电视台的记者久米宏和摄影师梅佳代曾走上东京街头,采访年轻人的消费观。结果,"不买车""不喝酒""不去外国旅游"是大家最普遍的回答。而就在20年前,夏天去海边冲浪、冬天去滑雪泡温泉是日本人最流行的生活方式。

人们的消费观念一旦变得保守,最先受到冲击的是零售业。研究这一问题的首都经贸大学陈立平教授在山西财经大学演讲时指出,老龄化和少子化令日本零售业产生了快速分化。2010年,日本超级老龄社会来临后,日本百货店的销售额下降了27.9%,大型超市下降了20.1%,家居中心下降了28.9%,零售业整体销售额下降了20%。2016年,日本全国百货商场销售额首次在36年里跌破6兆日元(约3700亿人民币),传统百货店、大卖场不得不在海外市场寻找出路。

在中国,老龄化问题已经在一些地区显露。

比如东北三省。2017年,各省60岁以上人口占比为:辽宁省22.85%,吉林省19.33%,黑龙江省18%。2015年,三个省份的生育率分别是:辽宁省0.74%,吉林省0.76%,黑龙江省0.75%(同年,以低生育率闻名的另外两个东亚国家韩国和日本的生育率分别为1.24%、1.46%)。再看看这里的经济表现如何:2017年东三省GDP增速排名分别为倒数第四、五、六。全国工商联发布的《2016中国民营企业500强》中,东北三省加起来一共只有9家,相比之下,浙江省上榜134家,江苏省上榜94家。2017年,黑龙江省人口净流出12.02万,辽宁省7

万、吉林省16.33万。

东北三省承接了中国计划经济时代工业体系鼎盛时期的一批退休工人，这里的每一个成熟社区都在直面老龄化这头灰犀牛的横冲直撞。令人担忧的是，我们的认知体系并未随着现实的巨变而革新。

越来越多的地方说"缺人"

我国是一个人口大国。

但很奇怪，农村和城市都在说自己缺人。

在农村，"说村不是村，有院没有人，说地不是地，草有半人深"。留在农村的往往被戏称为"993861部队"："99"是指老人、"38"是指妇女、"61"是指儿童。将来，谁为我们种地？

在城市，"用工荒"年复一年上演。比如，2018年7月，来自上海的媒体机构澎湃新闻报道说，浙江省义乌市的饶老板顶着酷暑在人力资源市场举牌，保底收入月薪4000元，半天过去了，一个工人也没有招到。市场外，一位招工人员怀中纸牌上写着：招夫妻工，月薪6000元。几个小时过去了，依然没有招到工人。中国社科院发布的《中国人才发展报告》说，2017年，我国高级技工缺口高达千万人。

国家统计局上海调查总队在2015年对上海民办养老机构做了调查，92%的民办养老机构面临找不到工人的问题。在湖南省邵阳市脑科医院，年龄最大的护工吕聘莲已经77岁，负责照顾和她同龄甚至比她还年轻的老人。年轻人不愿意做这样的工作。

2016年12月，时任中央财经领导小组办公室副主任韩俊在首届国家发展论坛做出判断：自2012年以来，我国劳动适龄人口减少了1500万人，并且劳动人口每年都在减少。中国已经过了"刘易斯拐点"（由诺贝尔经济学奖获得者威廉·阿瑟·刘易斯提出，指劳动力从过剩状态转向短缺的转折点），进入劳动力短缺的状态。依据世界银行的报告，尽管中国全面放开二胎，到2040年中国的劳动力人口降幅依旧会超过10%，即减少9000万人。

《解放日报》曾针对"建筑工人老龄化"问题前往上海建工集团工地采访，以上海浦东机场卫星厅工程项目为例，4500位工人中，35岁以下的不足30%。建筑工人老去后，谁给我们盖房子呢？

医生群体也是如此。《柳叶刀》杂志在2017年公布了一项研究，依据2005~2015年的《中国卫生年鉴》分析，我国25~34岁医生从31.3%减至22.6%，而60岁以上的医生从2.5%增至11.6%。乡村医生50岁以上的为23%，30岁以下的年轻医生仅占7%。协和医科大学博士毕业后弃医从文、经商的冯唐，曾在一篇文章中说："和过去相比，小大夫更加穷困。小大夫熬到副教授，医院里同一科室的正教授还有40多人。一周轮不到一台手术，每次手术都是下午5点以后开始。"要知道，大部分医生的学历都是研究生或博士，老龄化时代，在医院这个论资排辈的地方，这些高智商、高学历年轻人的升职空间更小了。

医生老龄化会出现什么问题呢？首先是医生对疾病的治愈率可能会降低。2017年5月，英国医学杂志BMJ发表的一份研究显示，治疗同样程度的老年重症患者，60岁以上的医生与40岁以下的医生相比，患者入院30天内的死亡率要高12%。其次，患者的医疗开销也会增加。在英国，60岁以上医生所管理的病人的平均治疗开销比年轻医生高了7.1%。

可以预见，在医生老龄化的未来，看病可能更贵、风险更大，还更难排队。

虽然主要身份是携程网创始人，但梁建章先生似乎更偏爱于人口问题研究者的角色。他认为，老龄化的人口结构会让年轻人的创新能力受到限制。"这是一种阻塞效应，如果所有管理岗位都被50岁以上的人占据，企业在新技术投资方面往往倾向于做出保守决定。"在2019年1月出版的《人口创新力》一书中，梁建章又进一步表达了自己的担忧。

债务危机与社会安全

老龄化还会影响一个国家的债务问题。

希腊在爆发债务危机前，一直以全欧洲福利最高的国家著称。希腊公务员的收入和福利丰厚，法定退休年龄也早，养老保障非常健全。然而，老龄化给了希腊致命一击。《国际金融研究》在2015年曾发表一篇名为《人口老龄化对政府债务风险的影响》的文章，当时希腊65岁以上老年人口占总人口比重达到了18.81%，公共养老金支出额占GDP的13.05%。

这个比例意味着什么？借用美国做个类比。美国一直以超高的军费开支著称，2018年美国军费预算接近7000亿美元，占GDP的4%。

2009年，希腊债务危机爆发，为了避免银行系统崩溃，6月底，希腊各大银行集体停业，民众只能从自动取款机中提取现金，每天限取60欧元（约415元人民币）。如果居民住在偏远小岛上，就必须坐两小时船，去附近的主岛取钱。与此同时，希腊掀起了一股疯狂购买奢侈品的风潮。48岁的希腊律师索菲亚害怕政府强制没收居民的存款，因此不断购买名牌手包，"这是踏踏实实的投资，是政府无法拿走的资产"。

一边节衣缩食，一边却抢购奢侈品，老龄化的黑色幽默让人唏嘘。

人口是一个国家的命运

老龄化并不仅仅是老人的问题，更是一个关乎国家和社会未来的发展问题。"社会学之父"、法国著名哲学家孔德曾说："人口是一个国家的命运。"

一个国家的人口结构不仅影响着该国的政治决策，还影响着这个国家不同年龄群体间的利益分配。从这个角度说，老龄化本质上是年轻人的问题。对我们每个人而言，了解老龄化、从老龄化的视角看世界，是一种前瞻性的思考方式。

人类从未像今天一样长寿。20世纪前，人类的平均寿命其实一直都不长。只是到了最近三五十年，因为科技的日益进步、物质的极大丰富和医疗卫生条件的不断改善，人类的平均寿命猛然提高到了70多岁。人类过往的所有社会制度，也都不是针对我们现在的平均寿命和人口结构来设定的。恐怕整个地球生态都没有预设过人类能拥有 70 年以上的平均寿命的可能性——肉体进化更为彻底的大型猫科动物,平均寿命也不过区区 20 年。

人类面临长寿的幸福,也面临长寿的危机,而社会制度要因此做出的变革压力之大,恐怕也是超出我们的想象。

老龄化并不是"我怎么养老",而是涉及我们生活的方方面面——会不会丢掉工作、每个月交多少税、生不生小孩、看病贵不贵、要不要存钱,等等。对于企业来说,老龄化就像是海面腾起的一波汹涌浪潮,企业该如何在海浪中调整航向,避免冲击?是否考虑增加生产线的机械化程度以解用工难题?是否考虑调整公司员工的年龄比例以保证创新实力?以及,如何抓住这一波历史性的财富机会?同样,一个优秀的城市管理者也许需要在各项财政支出面前寻找一个稳妥的平衡点,需要在政府债务和居民生活水平之间做出权衡。

尽管老龄化已是大势所趋,但我们并非对此束手无策。在本书中,我们将看到各国、各地在"人口老龄化高原"上努力摸索的身影,也能找到针对老年贫困问题的多种财务安排。如果把老龄化当作人类文明必须经历的一番"劫数",那么,至少,当世界最终不可避免地老去时,我们已经开始为之做出准备。

第三章

不知老之将至

灰犀牛的冲撞

不知老之将至
老龄化的中国防御时刻

如果说美国的老去是"有备无患",日本的老去是在"仓促之间",那中国的老去则是"猝不及防"。

"下游老人"的诞生

法官:"可以保证这是最后一次偷窃吗?"

被告:"用生命起誓。"

法官:"上次你也说了同样的话。"

被告:"这我无言以对。"

被告是在 7-11 便利店偷了三明治的 79 岁日本老人 P 先生。从第一次进广岛监狱开始,他便发现"老残监区真是个养老之地啊!"。此后,他多次故意犯罪,陆续在鸟取、高松、大阪、名古屋、福岛等地吃过牢饭,登上日本"老年犯罪名人堂"。

后来一些媒体搜集了诸多类似 P 先生的资料,推出一组名为"为了养老的日本——'银发罪犯'"的图片故事,在网络上获得了累计上百万次的阅读量。

虽然关于日本老人"监狱养老"的报道屡屡见诸报端，但人们还是很难想象，号称"养老天堂"的日本竟有老人的生存是如此尴尬。

日本警视厅 2015 年度《犯罪白皮书》显示，近 20 年来，日本老年人服刑人数一直在增加。2014 年与 1995 年相比，老年人犯罪总数增长约 4.6 倍。与此同时，整个社会的犯罪率却在下降。日本德岛监狱共有 594 名服刑人员，平均年龄 53 岁。

日本的"团块世代"（注：日本 20 世纪 60 年代中期推动经济腾飞的主力，是日本经济的脊梁）步入晚年之后，养老金不断被削减。同时，一些年轻人连自己都养不活，给老年人的经济支撑也越来越少。于是，很多日本人在超过退休年龄之后仍在工作。也是因为贫困，一些老年人走向了犯罪。

《犯罪白皮书》显示，约 6% 的老年人，其存款不到 100 万日元（约合人民币 6 万元），约 8% 的老年人只能靠每月不到 4 万日元（约人民币 2400 元）的养老金生活。更有一些老人没有任何经济来源，且独居。

"下流社会"，这是日本作家三浦展先生发明的词汇。这个词在汉语语境中往往带来不好的联想，但它的本意并非骂人，而是指中产阶级分崩离析后那些甘于平庸、不再向上努力的人群。与此相应，日本大约有 600 万～700 万"下游老人"——每 3 个老人中，就有 1 人属于中下层贫困人口。

"只需要从便利店顺走一个 200 日元（人民币 11.5 元）的三明治，就可以获得两年的监禁，比领养老金靠谱多了。"在被捕的日本老年人中,近七成是小偷小摸的盗窃案案犯。他们有钱却故意不付,因为按照日本法律,在超市里偷东西,将被判入狱。

于是,有人做出这样一个结论:为了进监狱养老,日本老人变坏了。美国《财富》杂志就此提问:"如果用自由作代价,换来免费的食物、住处和医疗,你愿意吗?"

这一问,令人心塞。

"里面的生活从来都不容易。"P先生说,军事化的管理让人崩溃:把毛巾盖在头上会被大声呵斥;刮完胡须后要让狱警检查干不干净;借指甲刀要先申请,获得同意后才能从小窗里接过使用——但即便如此,总算是一个有屋檐的地方,有监护员保护、有人照顾健康。"就算死了,也有人为你吊唁。"

据东京警察厅数据,截至2016年,在60岁以上的老年罪犯中,超过40%会在出狱后半年内再犯,"六进宫"的人数高达36%。"在某种程度上,他们是经济萎靡的受害者。"尾道监狱的负责人林崇(Takashi Hayashi)说:"监狱不应该是他们的退休之家,我们希望他们重新获得生活的动力。"2016年,日本政府推出《再犯防止推进法》,试图扭转这一局面,效果还在观察中。

对于这些日本老人来说,何处不囹圄?相比于监狱,似乎外面的世界更糟。真是让人心酸的现象啊。

"我只是想回家"

2014年2月9日,74岁的美国人沃尔特·翁贝豪恩走进芝加哥市郊的一家银行。

他没有遮住面部,径直走到银行柜台操作员面前,亮出自己腰间的左轮手枪,抢走了4178美元,然后来到附近一家汽车旅馆,静候警察上门。

警察一到,翁贝豪恩便面露欣喜,举手投降。

翁贝豪恩年轻时做过浴缸修理工,后来先后大小犯罪十余次,第三任妻子也在他坐牢时去世。2011年出狱后,妹妹送给他一辆房车,他独居其中,平时除了看电视就是画画,很是寂寞。

辩护律师在法庭上说,翁贝豪恩见到他时说的第一句话是,"我只是想回家"。片刻之后,他才意识到,翁贝豪恩口中的"家",其实是指监狱。

"这无疑是我经手过的最令人悲伤和不安的案件。"律师说。当地检察官莎伦·费尔利认为,法官面临两难:如果判处监禁,这似乎更是奖赏而非惩罚;如果宣判释放,又担心他继续犯罪。最终,法官判处翁贝豪恩3年半监禁。

美国加州监狱里,约有18400名年龄超过55岁的囚犯。加州惩教与康复部门的一份报告显示,2016年该州13万名囚犯中7%的人年龄超过60岁,然而20年前这个数据只有1%。其实,作为一个很早进入老龄化的国家,美国在1982年就召开了第一次老年犯罪人年会,"老年犯罪浪潮"早已成为媒体议题。

瑟帆因2006年在万圣节派对上杀害一名17岁的男子而入狱,现在协助医务人员进行换尿布、洗澡或给病人护理。他也是临终关怀理发师。"我知道,一旦我来到这里(临终关怀），我就能回馈一点。最难过的是看到你关心的人去世了，有些囚犯没有家人，所以我们是唯一能支持他们的人。"

越来越多的老人因为贫困而主动入狱，并最终把监狱当作自己的家，终老于此。

走向超老龄社会

前面这两个来自日本和美国的故事令人唏嘘，然而，它却是客观存在的现实。

日本已经是超老龄社会，中国，也正走向超老龄社会。

请看下表：

	美国	德国	日本	中国	世界	发达国家	欠发达国家
进入老龄社会 （65岁以上人口占比7%）	1950	1950	1971	2002	2002	1950	2019
发展所需时间	64	22	24	23	38	48	30
进入深度老龄社会 （65岁以上人口占比14%）	2014	1972	1995	2025	2040	1998	2049
发展所需时间	16	36	11	10	39	24	38
进入超级老龄社会 （65岁以上人口占比20%）	2030	2008	2006	2035	2079	2022	2087

数据来源：根据2019年联合国《世界人口展望》中世界人口统计预测表整理。（本表中最早数据开始于1950年，当时德国65岁以上人口占比为9.67%，美国为8.21%，因此各国起始年份的老龄化程度不同）

这张表格是笔者根据2019年联合国《世界人口展望》中世界人口统计预测表整理的。从表格中可以看出，"发展所需时间"，其实就是各个国家能够为老龄化做准备的"防御时间"。通过对比可知，中国的防御时间是最少的，因为我们老龄化的速度太快了：中国从老龄社会变为深度老龄社会的时间仅 23 年，比美国快了 41 年，和日本老龄化速度一致；作为老龄化代表性的国家，德国从深度老龄社会到超级老龄社会拥有 36 年的时间，而中国只有 10 年。

如果说美国的老去是"有备无患"，日本的老去是在"仓促之间"，那中国的老去则是"猝不及防"。

一个非常清晰的事实是：在中国进入老龄社会时（2002年），人均 GDP 比其他三个国家进入老龄社会时的水平都低，只有 1148 美元。而 1971 年日本进入老龄社会时的人均 GDP 为 2272 美元。2019 年，德国、日本的人均 GDP 都超过 4 万美元，美国超过 6 万美元。正在向深度老龄社会疾奔的中国，人均 GDP 刚刚达到 1 万美元。

数字总是枯燥的。

到 2050 年，中国 65 岁及以上的老年人口将达 3.8 亿，占总人口比例近 30%；60 岁及以上的老年人口将接近 5 亿，占总人口比例超过 1/3。这个数字超过美、英、德三国现有人口的总和。

年轻人越来越少，老年人越来越多；缴社保的人越来越少，领退休金的人越来越多。社保是个池塘，进口的水流越来越小，出口的水流越来越大……随之而来的压力和难题可想而知。2018 年以来，各个城市的地方政府争相出台落户政策，吸引年轻人，一些地方甚至推出接近零门槛的政策。为什么这些地方政府忽然如此"讨好"年轻人？原因当然很多，社保是关键之一。任何一个地方领导都不能无视所在城市的养老金家底，而年轻人可以带来长久的经济活力和现金流。

养老是一头"灰犀牛"，看起来笨笨的，我们不以为意，但它已然狂奔了起来，要把我们扑倒在地。

孔子有一句自我评价："发愤忘食，乐以忘忧，不知老之将至云尔。"

"不知老之将至"，是快乐的老头儿孔夫子的忘我状态，属于精神领域，对于我们现代人来说，如果真的在现实中也"不知老之将至"，恐怕更有可能面临这样的局面：人还在、钱没了。

晚婚晚育背后的故事
一种不可忽视的风险理性行为

丰裕的物质生活也就是最近二三十年的事情,习惯了这种生活的年轻人还未步入老年,他们总是对未来生活充满自信。

2018年夏天,中国上映了一部电影《小偷家族》。导演兼编剧是枝裕和用他特有的冷静和克制的镜头语言,将剧情缓缓推进,以一种特殊的视角描绘了隐藏在日本繁华背后的真相。

出现在电影里的,是一个穷困但温馨的家庭:爸爸是工地的工人,好吃懒做,偶尔还小偷小摸;妈妈是洗衣店的女工,收入微薄;整个家庭穷困潦倒,爸爸和儿子练就了一身熟练的小偷小摸本领,经常在超市里偷一些东西补贴家用。他们虽然卑微如蝼蚁,但并未扭曲如蛆虫。一天晚上,爸爸和儿子在偷完东西回家的路上,看到了一个因为家暴而流落街头的女孩。尽管家庭情况艰辛,爸爸还是把小女孩带回了家。随后,整个家庭更加艰辛了:爸爸因为意外,脚受伤,失去了工作;妈妈因为洗衣店生意不好而被裁;小女孩最初在新家庭中融入得并不顺利。

电影到这里时，还是比较温馨的，就像一杯午后红茶，醇香、温暖，也有丝丝的苦涩。油尽灯枯的奶奶在睡梦中平静离世，整个家庭也就此分崩离析。家里的人平静地安葬了奶奶的遗体，分了奶奶的财产。

随着剧情的进一步推进，观众才明白，这个家庭中的成员都没有血缘关系：住宅是奶奶的，奶奶收留了爸爸和妈妈，最初是希望他们能够照顾自己的老年生活；爸爸妈妈照顾奶奶，是为了能够分享奶奶的养老金和身后遗产；俩人无法生育，因此收养了两个孩子，用以慰藉自己的心灵。奶奶早年离婚之后便一直未婚。她经常去前夫家中拜祭，而且每次都能从前夫的儿子手中得到一笔抚慰金。

艺术来源于生活。如果我们翻一下描绘日本老龄化的书籍、报纸和期刊，就会发现，老年生活凄凉的老人，相当一部分的比例是未婚未育、与社会彻底断绝关系的"无缘之人"，或是"破产"之后离婚并自我放逐的人。

这就是电影在真实世界里的背景。

日本作家藤田孝典在他的畅销书《下游老人》中描述了这样一个故事，可作为电影《小偷家族》的注脚。

加藤先生曾在自卫队服役，退役之后在餐馆里成为一名厨师。在他40岁左右的时候，父母相继病倒，加藤先生辞职在家照顾父母。不久，他的父亲去世，母亲病情加重，瘫痪在床，需要加藤24小时陪护。在加藤50岁的时候，老母亲也去世，加藤为了谋生，一个人来到了东京，并于65岁退休。加藤终身未婚,且因为中间辞职照顾双亲,养老金缴纳年份不足,到退休的时候,每月领取9万日元(约人民币5540元)的厚生养老金。雪上加霜的是,他离开老家时卖掉了老家的房产,之后一直孤身在东京租房居住。房租是加藤先生退休后最大的生活成本,每月9万日元的收入中,房租就要花掉5万日元(约人民币3080元)。剩下的钱,如何在东京生存下来呢?

当作者将这个疑问抛给加藤时,得到的是一个令人吃惊的答案。

加藤先生说,靠野草。

没错,吃野草。这不是500年前的日本,也不是穷乡僻壤。这是在21世纪的东京,一个终身未婚的老人需要靠野草生活。

当然,加藤的故事只是个案,日本的低保标准额度高,申请门槛低,只要能够证明申请人的家庭收入和总资产达不到法定的最低标准,就可以申请低保。但因为不想给别人添麻烦、自尊心等因素,有些人不愿去申请低保。

加藤先生的人生轨迹从一个侧面反映了日本的老龄化故事:因为老龄化,老人变多,社会资源无法覆盖到所有老人,一旦家中发生变故,就需要子女亲自上阵,加藤就是在这样的情况下,"被逼"照顾父母。毫不夸张地说,无论是壮年的加藤还是年老后的加藤,都是老龄化浪潮下的不幸之人。

在日本,因为经济或者工作而顾不上结婚的人很多;而对于年青一代来说,居高不下的不婚率更多是一种自我选择,年轻人主动将自己放逐在主流社会之外。

按照日本国立社会保障人口问题研究所发布的统计数据，1985年，日本国民50岁时的未婚率是4%左右，30年后，日本男性50岁未婚率上升到了23.4%，日本女性50岁未婚率也达到了14.1%。日本知名调查公司博报堂株式会社对这个问题进行调查后推测说，到2035年时，日本15岁以上的人口中有一半或将是单身。

如果仅仅说结婚的问题，那中国和日本真是越来越像了。

从民政部历年统计公报来看，我国2013年登记结婚夫妇为1346.9万对，2019年登记结婚夫妇为927.3万对，降幅惊人；2013年全国结婚率为9.9‰，此后逐年的数据是：9.6‰、9‰、8.3‰、7.7‰、7.3‰，到了2019年，已降到6.6‰。

与之相对应的是一路上升的离婚人数：2013年离婚登记350万对，2019年离婚登记470.1万对；离婚率则从2013年

数据来源：中华人民共和国民政部统计公报（2015～2019）

的 2.6‰ 逐年上升到了 2019 年的 3.4‰。

单身人士越来越多，晚婚晚育越来越普遍。轻轻拨开外壳去探索真相，我们会发现，一个国家经济发达了，往往也会面对一个问题：大批人晚婚晚育甚至不婚不育。

在农村地区生活过的人可能会有这么一个认识：没有考上大学而继续在农村扎根的人，往往结婚很早。原因复杂，但事实是，随着人均受教育水平的提高，结婚率降低，结婚年龄也大大推迟。

2010 年全国第六次人口普查的结果显示，我国每 10 万人口中，大学生人数达到 8930 人；博士生和硕士生招生人数为 53.8 万人，是 2000 年的 4.17 倍。标准学制下，从小学到大学毕业需要经历 16 年学业长跑，走上社会之后，需要经过数年，经济状况才会改善。再加上文化程度提高之后，个人意识更强，也更崇尚个人价值的实现。于是，总体上看，社会的平均婚育年龄被推迟再正常不过了。同时，社会的发达使得女性意识觉醒，许多职场女性往往把结婚、生育视作个人事业发展的阻碍，于是选择晚婚晚育来规避风险。

年年攀高的育儿成本更是年轻家长最好的避孕药。

婚姻的需求也被大大稀释了。正如德国作家法兰克·荀马赫在《少子化：我们社会的灾难与危机》一书中所说：在今天这个媒体发达、网络便捷的现代社会里，我们在虚拟的环境中获得了社交上的满足感。年轻人越来越习惯一起吃火锅、打游戏、看电影，经济实惠地打发时间，对婚姻的情感需求不断减弱。相信很多人在日常生活中已经体验到了这一点。

在传统农业社会中,养育子女本质上是一种经济投资行为,因为年轻劳动力的数量决定了家族是否兴旺。从宏观上看,在农业经济社会,生产率低下,资源短缺,农业生产靠天吃饭,各种意外因素很容易摧毁人们脆弱的生产生活,人们的抗风险能力普遍低下,年老体弱的人很难获得足以保障生存的生活资料,只能依靠子女的赡养。同时,在封建父权的观念下,父母对子女的劳动成果天生具有支配权,因此,这种投资行为的产出是可见可量化的。

当下,人们早已习惯了丰裕的物质生活,也将完善的社会保障制度和法制建设当成了与空气和水一样的基础设施,以至于养育子女的投资收益不断稀释到几乎可以忽略。

随着421型、422型社会的出现,作为中间层的"2"(一对夫妇),已经无法在经济上支撑4位老人的赡养(随着长寿时代的来临,事实上远不止4位老人)。

他们不可避免地有逃避的想法。

上面描述的种种现象在社会学上被称为风险理性行为。学者乌尔里希·贝克认为,我们生活的社会是一个风险社会。在这个风险社会中,人们往往会下意识地进行风险评估以便决定未来。比如对于生育,许多年轻的父母会考虑到,生孩子会给他们的生活增加许多风险,如搅乱二人世界、带来精神压力和经济压力等,为了规避风险,只好不生育。至于不生育的缺点——如老年之后无人照顾等,那是很远的事情,暂时不考虑。

只是,问题仍在那里,并不是不考虑就不存在了。

当我们告别"养儿防老"的时代,我们将面临一个词——"社会抚养比"。晚婚晚育、不婚不育之后,年轻人越来越少,社会整体抚养老人的压力越来越大,社会抚养比迅速提高,直到无力再赡养如此多的老人。在大概率发生的"百岁人生"中,有几十年的晚年,这期间,需要支付健康、医疗、护理的费用,而大多数人在年轻的时候并未有足够的财务自律以支撑这漫长的晚年,以及情感上的需求……

也许还没有等到这个变化发生,这一代年轻人就已经老了。

30年后,谁来与他们共同面对漫长而孤独的百岁人生?

承平经年,人们忘却了在角落里隐藏的风险。

永不退休？

各个老龄化国家将重复日本的故事，但我们希望是其中美好的部分，比如代际和谐、共创财富，而不是悲剧的部分，比如老后破产。

"退休"这个词在中国并不新鲜，远在周朝时期就有了。

《礼记·曲礼》说："大夫七十而致事。"《尚书大传》也说："大夫七十而致事，老于乡里。"七十岁，是当时的退休年龄，虽然当时的绝大多数人活不到这个岁数。

《宋史·韩贽传》有一句话和今天的老人生活状态有些相像："退休十五年，谢绝人事，读书赋诗以自娱。"

只是，在漫长的历史长河中，退休都是官僚士大夫的专属。"乞骸骨"三个字，字面上极为卑微，却只有极少数人能用，自是藏着一份"傲娇"。古代的工匠和农民，即便想"乞骸骨"也不知道找谁去"乞"，至死劳作是绝大多数平民的宿命。

现代社会不一样了，退休是一种基本社会制度设计，普惠、以社会保障为目的。老吾老以及人之老，幼吾幼以及人之幼,通过退休制度,在不考验道德水平的情况下,就向大同理想接近了一步。

不过,2018年9月,时任日本首相安倍晋三说了一段话,挑战了人们对于退休制度的基本认知。他在接受《日本经济新闻》采访时说:希望利用接下来的时间,推动制度改革,将日本打造成"终身不退休"社会。

2019年11月后,安倍成为累计在任天数最多的日本首相,此后,直到2020年8月28日才主动宣布辞去首相职位。首相岗位上的安倍晋三也是一个"长久续航"的典型。

社保改革一直是安倍政府的重大议题。当然,安倍的"终身不退休"并不是强制人们终身上班,而是取消强制退休政策,到时日本国民无论多大年纪,只要愿意,即便过了65岁也能继续上班,活跃在职场上。

安倍同时还说,当完成这个目标之后,将以此为基础,用两年的时间推进医保和养老金等社保制度的整体改革。

初看令人诧异,细看则会发现,安倍政府只是顺势而为:在日本,70岁以上的白发职员遍布街头,尤其是一些服务岗位,比如出租车司机。这些虽年老却仍在工作的人群中,不乏一些曾经身居公司高位的人。

根据日本总务省统计局的数据,1970年,65岁以上的老人占比已经达到了7.1%,超过了联合国定义的老龄化社会标准(7%);到2017年,65岁以上老人的比例达到27.7%,成为世界老龄化程度最高的国家;预计到2040年,日本65岁以上人口比重将达到35.3%。

每3个人中就有1个是65岁以上的。

根据日本厚生劳动省的数字,2016年时,日本女性人口平均寿命为87.1岁,居世界第一;日本男性人口平均寿命81岁,居世界第二。

老人越来越多,但孩子越来越少。同样是日本厚生劳动省的数据说,2017年日本新出生婴儿数量约94万,连续两年跌破百万。

这是日本适龄人群婚育欲望低的直接结果。2017年,日本登记结婚的夫妻比上年减少约1.4万对,创下"二战"之后新低;日本平均初婚年龄大大推后,男性为31.1岁,女性为29.4岁。到2017年,日本的生育率只有1.44。生育率是指一个国家或地区的女性在生育年龄中养育存活的婴儿的数量,按照人口学的观点,只有生育率达到2.2左右的时候,人口结构才会保持在一个平衡的状态。

这种大环境下,现代工业社会建立起来的社会保障制度岌岌可危——整个社会可能都拿不出来那么多的劳动人口、产品和服务来供养老人,只能希望老人自食其力。

所以,安倍推出的"永不退休"政策是顺势而为,在制度上给了老年人更多选择。

就在安倍提出这个政策的三个月前,2018年6月,世界杯足球赛开幕战上,东道主俄罗斯以5:0大败沙特阿拉伯。本来,首战告捷,俄罗斯人该欢欣鼓舞的。可是,就在同一天,俄罗斯政府宣布养老金改革计划草案——自2019年启动延迟退休的进程,2028年前把男性退休年龄从60岁延迟到

65岁，2034年前把女性退休年龄从55岁延迟到63岁。

后来，俄新社报道说，俄罗斯总统普京公开发声，不光他本人，政府内喜欢这一改革方案的人也不多，因为该方案"不能取悦大多数公民"。虽然不喜欢，但不改不行。俄罗斯政府能维持现行的养老金制度，在五六年甚至十年内可以"什么都不用做"，但，十年后退休人员和在职职工人数将持平，若不改革，养老储备金将耗尽，老人将成为穷人。

日本和俄罗斯虽处于不同的社会背景下，但都面临老龄化困境，都要未雨绸缪。

2019年9月，安倍政府为了解决"少子化"而放了一个"大招"：从2019年10月起，在日本生活的所有日本人，3~5岁的保育园、幼儿园的所有费用全部免去；在初中毕业以前，学费全免、看病全免，每个月政府还给每个孩子发相当于1000多元人民币的"儿童工资"。

在我国，2020年11月，在制定"国民经济和社会发展第十四个五年规划"和"二〇三五年远景目标"时，也提及"实施渐进式延迟法定退休年龄"。

我们常说，老龄化是一头"灰犀牛"，很显然，相比中国社会，老龄化程度更深的日本距离这头灰犀牛更近一些。日本曾经经历的以及正在经历的故事，看得见，摸得着，各个老龄化国家也将重复这些故事，但希望是其中美好的部分，比如代际和谐、共创财富，而不是悲剧的部分，比如"老后破产"。

日本"下游老人"与青年困境

如果社会抚养比提高,劳动力的比例下降,代际支付的平衡就会被打破。

日本社会常常有"全民晚年总崩溃即将爆发"的担忧。

比如,日本社会工作者藤田孝典提出了一个极有洞察力的概念——"下游老人"。藤田孝典根据自己帮扶老人的工作经验,将三个"没有"作为衡量"下游"的指标:收入少到"没有","没有"充足的储蓄,"没有"可以依靠的人。

其中一些案例对我们今天中国的年轻人很有参考价值,因为,一些老人的"下游"更大程度上是他自己年轻时的决策失误造成的。比如,山口先生。

退休之前,山口先生在建筑公司做业务员,收入尚可,退休前年收入有500万日元(约合人民币31万元),工资之外还有奖金收入。山口先生终身未婚,没有养育小孩,所以他退休的时候留下了一笔还算可观的积蓄,大概有3000万日元(约合人民币185万元)。

在山口先生看来,他将会有一个还过得去的晚年。但现实也有残酷一面,山口先生退休之后经历了两次心肌梗死,需要长期住院治疗,积蓄也飞速耗尽。

这很令人奇怪,因为日本有高额的医疗补助。当藤田孝典向山口先生提出这一疑惑后,山口先生回答说,当时哪里知道有这个制度呢?

更让人难以理解的是,山口先生还没有参加养老保险。山口先生所在的公司没有参加厚生养老金制度,没有为员工缴纳养老金,对此,山口先生在工作时一直没有在意,毕竟工资收入也还比较丰裕,又是自己一个人生活,觉得参不参加都无所谓。不过,按照日本的规定,这种情况下,山口先生是领取不到厚生养老金的,只能领取到一点微薄的生活保障金。

悲剧的背后,成因令人深思。

针对藤田孝典在《下游老人》中为日本人提出的三个指标,我们也可以对应地提出三个问题:

为什么下游老人退休后没有收入?

为什么没有储蓄?

为什么没有亲人?

首先,为什么"下游老人"退休之后没有收入?

并不是一点收入都没有,而是微薄的退休收入与物价水平不匹配。

最简单粗暴的回答就是,要么是这些老人没有缴养老保险,要么是退休时没有投资,无法获取收益,要么就是年轻

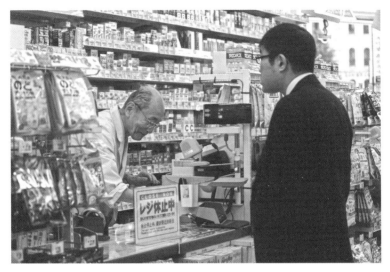

2018年10月17日,日本东京涩谷区的一家药妆店内,
一位老年工作者正在为顾客服务

时没有积攒一些版权、专利之类的被动收入(请参考本书第二章提到的马旭的案例)。

但是这种回答显然无法让我们满意,我们应当思考的是:为什么"下游老人"会在日本社会普遍存在?为什么退休后收支不抵的退休老人越来越多?

其实,这是一道算术题。

1970年,日本进入老龄化社会,65岁以上的老人占比7.1%,略微超过了7%的老龄化标准线。当时的社会抚养比是0.43,也就是说,退休人口与劳动人口之比为0.43,换种说法,就是当时约2.5个的劳动力供养1个老人;到了2015年,抚养比成了0.63,即约1.5个的劳动力人口供养1个老人。

为什么老年人退休金发得越来越多，但是能购买到的服务和商品的质量越来越差？这就是原因所在。本质上，老人使用退休金购买商品和服务，只是把年轻时的储蓄积累起来，年老的时候取出，钱只是一种介质而已。这被称为"代际支付"。

如果社会抚养比提高，劳动力的比例下降，那么代际支付的平衡将会被打破。为老人提供商品和服务的是劳动人口，养老金只是表象。

其次，为什么没有储蓄？

关于这一点，最被人经常提及的是日本经济泡沫的破碎。

众所周知，日本在20世纪80年代中后期到90年代初期，经历了泡沫经济时代。四五年中，大量投机性活动涌现，制造了虚假繁荣。

这种繁荣夸张到什么程度呢？有人狂妄地喊出了"东京的房产能买下整个美国"。

泡沫终归无法持久。1990年，日本发生大股灾，股市崩盘。与此同时，日元套利空间缩小，资本外逃，不动产市场塌陷，房价一泻千里。富士银行、东海银行等因为应对不良负债而大规模造假，被曝光后，日本银行业发生了严重的信任危机，多家大银行相继倒闭。经济泡沫影响了日本整整一代人。许多人的投资化作泡影，余生都在偿还当时的债务。而这一部分老人现在已经步入退休年龄，这也是为何近几年日本所谓"下游老人"或"破产老人"被频繁提起的原因。

最后，为什么没有亲人？

在日本，有很多孤独的老人。《下游老人》这本书中列举的四个老人都是没有子女、没有伴侣的。

这种情况有一定的时代背景。在日本社会中，如果男人破产的话，可以通过离婚的方式为自己的妻子和子女保全财产。日本因为传统观念，当面对破产绝境时，或主动或被动，许多人都会做出离婚的决定。1991年日本经济泡沫破碎后，离婚率是正常水平的2.5倍。而30年前离婚的这一拨人如今也开始步入老年，形单影只，沦为"下游老人"。

抛开日本经济泡沫不谈，日本选择不婚不育的人也越来越多。不仅是日本，在整个东亚文化圈内，包括韩国、中国，晚年独居的社会趋势非常明显，传统的大家庭聚居正被小家庭散居所取代，小家庭中也出现了丁克家庭、单身家庭等变种，这是经济结构灵活调配人力资源、个体意识增强带来的必然结果，而小家庭的大量涌现也很可能带来大量的"下游老人"。

没有收入、没有储蓄、没有亲人的"下游老人"对日本社会带来了许多负面影响。

在传统的亚洲农业社会，老人往往受人尊敬与爱护，这不仅因为老人是经验与知识的持有者，更因为他们在年轻的时候对社会和家庭都做出了贡献。这种尊敬奠定了社会道德的基础：年轻人只有看到了老年之后的自己会受到尊敬、得到保障，才会在年轻的时候奉献自己。

如果老年人沦为被人嫌弃的"大件家具"，那么年轻人可能会为了应对这种风险而变得自利，传统的社会价值观就此崩塌。

这种"自利"并非贬义词,而是人在特定条件下做出的最优选择。当许多年轻人见识到了"下游老人"的下场之后,出于自我保护的目的,会在一些行为上做出改变。比如年轻人会为了积蓄而克制自己的消费,进而造成社会消费的低迷、经济发展的停滞,由此进入一种恶性循环;再比如,年轻人为了保障老年的生活,可能会考虑不生小孩,以避免在子女养育上的大量开支。

这种自利行为与老龄化之间形成了一种恶性循环,整个社会也可能因此而滑向深渊。已经在日本出现的"孤独死"现象,就是这个黑暗深渊的入口。

这种负面影响在某种程度上形成了对年青一代的压力。藤田孝典的另一本书《贫困世代》则关注了年轻人。

这本书开篇就提出:日本年轻人的处境越来越糟糕,简直就是如同监狱囚徒一样,基本看不到明天的路。"能存钱就不错了。根本不知道自己退休时能否领到退休金,未来也是一片愁云惨雾,因此不得不过着禁欲的生活。"

日本著名企业家稻盛和夫曾经说:"为获得真正的成功,必须首先全心投入自己的工作。"这种态度曾经鼓舞了无数日本职场奋斗者,但是,今天日本的一些年轻人已经不大接受这一套了。

在东京,一般住宅的租金已经超过一批租客收入的2/3,年轻人往往处于"为房东打工"的境地,很难存得下钱。中国有"三和大神",日本则有"网咖难民",即流连于通宵网吧的年轻人。更多的年轻人不得不继续与家人居住,在自立的路上不断经历挫败。因为无法独立生活,婚姻也就变得很困难,这不仅造成了日本"少子化"的现实,更促成了"宅文化"的丰厚土壤和一代人的禁欲主义。

为了解决养老问题,日本政府在财政上做了许多努力。但不管是哪种途径,都需要巨大的成本。资金从哪里来?最终还是要落在劳动人口上。于是税收增加、通胀水平提高都是可以预见的事情。当压力越来越大的时候,悲观情绪就会在年轻群体中蔓延,"逃避虽可耻但有用",于是许多年轻人选择了逃避。一些网络社区把那些整天宅在家里、不愿意社交和婚恋、缺乏事业心和奋斗欲望的年轻人称为"草食族",而那些每天背负着沉重工作压力的人则经常自嘲为"社畜"。这类网络用语的流行也反映出日本年青一代的生存和心理状态。

2015年8月,一名32岁的无业男子手持菜刀冲入爱知县的一家便利店,劫持了一个店员。5个小时的对峙后,警察制服了嫌犯。为什么要"干这样一票大的"?这男子的答案是:"对自己的人生感到绝望,才打算做些大事。"

一个被网络时代的无数信息堆积出来的年轻人,他口中的"大事",竟然只是去抢劫他家附近的便利店。藤田孝典也正是被这样一则新闻触动,才写作了《贫困世代》。

根据日本国立社会保障人口问题研究所的统计数据,从1985年开始,日本未婚率逐年升高。在1985年时,男性和女性50岁未婚率只有4%左右,到了2015年,男性50岁未婚率飙升到了23.4%,女性则达到了14.1%。日本知名调查公司博报堂株式会社推测,到 2035 年时,日本 15 岁以上的人口中有一半或将是单身者。而单身又是形成"下游老人"群体的重要因素。

我们常说老龄化是一头灰犀牛,但其实,青年困境也是一头灰犀牛。而这两者,又是那么地紧密相连。

我在韩国认识的第一位朋友，是个 70 岁的快递员

制度缺陷造成了居高不下的老年贫困率。

2016 年，笔者一位年轻的亲戚从韩国留学回来，吃饭聚会时，偶尔会分享在韩国的生活细节。比如：钱都没时间花。有个段子，说男生天天给女朋友点外卖，最后女生爱上了外卖小哥。

段子归段子。她说，首尔的生活确实不轻松。"你可能想不到，刚到首尔的一段时间里，除了中国留学生、房东、课题组的老师和同学之外，我认识的第一个韩国朋友，是一位 70 多岁的大爷，他经常给我送快递。"

韩国有一些快递公司专门雇用一些老年快递员，送一些重量小、体积小的快件。因为在韩国，65 岁以上的老人可以免费乘坐地铁，这一点被快递公司利用了起来，由此衍生出来一个小小的行当。

这个大叔和中国的快递小哥比怎么样？我的亲戚这样解释："大叔告诉我，他的同事，就是正常的快递员，开着面包

车送快递的那种,一天能派出 100 件快递。但是他不行,地铁快递员身上带不了多少东西,一天送十几件就算效率高了,一个快件能赚 2000 多韩元,一个月干上 10 天能赚 30 多万韩元,合人民币 2000 块。这个收入我都嫌少,更何况是经常生病看医生的老人。"

当时,笔者仅仅是把这件事当作一个谈资,下一个话题很快就将它淹没了。现在回想起来,我才明白事情真正的严重之处。

生育率在和平年代突破了"人口防线"

2018 年 8 月,韩国统计厅发布了《2017 年人口住宅总调查》:2017 年,韩国 65 岁以上老人的比例超过 14%。这是什么概念呢?按照国际上的划分,65 岁以上人口达到 7% 就是"老龄化社会",超过 14% 就是"老龄社会",超过 20% 就是"超老龄社会"。韩国已经迈过老龄社会的门槛。而且,韩国是以一种加速度迈过了这个门槛。日本在 1970 年进入老龄化社会,在 1994 年进入老龄社会,用了 24 年,韩国的这一过程只用了 17 年。

2018 年初,韩国行政安全部发布消息说,2017 年青少年(0~14 岁)人口的比例约为 13.1%,而同期 65 岁以上的老人的比例却达到了 14%,老年人比例连续两年超过了青少年人口比例。

这种人口结构上的尴尬看上去毫无扭转的希望。

2018 年 9 月 20 日,北京大学人口研究所教授穆光宗在

《参考消息》上发表文章说，2018年韩国的总和生育率跌到了0.9。

"总和生育率"是一个国家或地区的女性在育龄期生育子女数量的平均值，如果长期低于2.2，那么人口可能就会逐年下降。0.9的生育率，往往是战争时期才会发生的事情，韩国生育率在和平年代就突破了"人口防线"，在世界所有国家中尚属首例。

韩国民众在接受《韩国日报》民调时，多数倾向于认为"0.9冲击是国家危机"。

限制生育的政策对韩国人口结构的影响，长久且深远

韩国不仅老龄化程度严重，而且老人保障程度更低。这与韩国政府政策密切相关。

在20世纪60年代之前，韩国的生育水平可以视作自然生育水平。当时，朝鲜半岛经济不发达，家庭"抱团取暖"，认为只有人丁兴旺才能在艰苦环境中生存下去。60年代初，韩国人口增长率达到有史以来最高的2.9%。1961年10月，韩国代理总统朴正熙在一次全国性新闻会议上宣布将实施计划生育政策，目的是推动经济增长，计划到1971年和1981年将人口增长率分别降至2%和1.3%。计划生育被列入五年发展规划，全国各地建立了保健所，设置了咨询室和咨询人员，普及避孕手段。到了70年代，计划生育的工作更加正规化，设立计划生育研究所，发布《母婴保健法》，成立韩国绝育手术协会等。

1981年，韩国人口增长率降至1.53%，略高于目标水平。1986年，韩国从推行二孩政策变为推行一孩政策。然而，韩国生育率下降速度之快、实现目标用时之短，为决策者所始料不及：从1983年起，韩国生育率降至更替水平（即每个育龄妇女平均生育2.1个孩子），低生育率目标实现后，韩国并没有马上放弃生育控制，直到1989年公共医疗机构才停止免费发放避孕药具，控制生育政策有所松动；到1996年，采纳新人口政策，取消了独生子女社会支持政策。

可是，生育率仍然持续下降。2002年韩国的总和生育率掉到了1.17。2003年韩国成立了老龄化与未来社会委员会，旨在支持生育，并为即将到来的老龄化社会做政策和程序上的准备。2005年，韩国政府颁布"低生育行动框架与人口政策"，鼓励生育政策正式启动。政策方向至此完成逆转。然而，2009年1.15%的生育率说明，韩国依旧是世界低生育率国家之一。到了2018年，韩国的生育率进一步降到谷底。

限制生育的政策对韩国人口结构的影响，长久且深远。1960年，韩国在自然生育水平状态下，综合生育率可以达到6，2014年则是1.21。

在1970年，韩国新出生婴儿量尚有100万，1990年65万，2005年下跌到43.5万。之后的几年略有回升，2012年达到了生育的高峰，足有48.5万新生儿出生，但是之后几年，这个数据又出现了下滑。

总体人口规模增长缓慢而稳定，新生儿数量大幅下滑，可以想见，在过去三四十年中，韩国的人口结构必然发生了巨大的变化。统计结果也正是如此。在 1960 年时，韩国 65 岁以上老人的占比只有 2.9%，1995 年达到 5.9%，2005 年 9.1%，2017 年达到了 14%，2020 年 3 月进一步升至 15.8%。

社会保障制度建设令人焦虑

韩国老龄化危机如此严重，社会保障制度建设也令人焦虑。从 20 世纪 60 年代开始，韩国陆续有了针对公务员、军人和教师的年金计划，但是，直到 1988 年才有了针对所有人的《国民年金法》。而且，这部法律设置之初就有缺陷：只有参加该计划 20 年才能领取养老金——这意味着即便从 1988 年法律甫一颁布就加入，也需要等到 2008 年才能领取，而且，即使老人在 2008 年之前达到了退休年龄，这群人注定也领取不到养老金，因为退休之后就没法交了，无论如何都交不满 20 年。

这种制度缺陷造成了韩国居高不下的老年贫困率。

这个制度缺陷很容易被看穿，韩国政府也做出了应对。1991 年，韩国实施老龄津贴制度，规定生活水平处于最低标准以下的、70 岁以上的人口每月可以领取 1 万韩元的津贴。但是这项制度适用面不宽，并不足以完全覆盖《国民年金法》的死角，且支援额度很小，实施不久即被废除。

1997 年，韩国实施敬老年金制度。这一制度是为了弥补《国民年金法》的缺陷，也是为了解决老龄津贴的问题而设置。该制度将受益人设定为处于最低生活费以下以及无法加入国民年金制度的老年人口。

2008年,韩国政府基于65岁以上老人的经济调查结果筹备新的保障手段,与之配套的《基本年金法》在2014年开始实施。该制度较为科学和完善,取代敬老年金制度,能在一定程度上缓解老年贫困现状。

20世纪50年代的战争结束之后,韩国人口爆发性增长,1955~1963年新增人口近800万。这一代人在韩国被称为"婴儿潮一代"。2011年,韩国民营银行研究所发布了《韩国"婴儿潮一代"退休后资产分析报告》,对那一代人的退休生活做出预测:75%的家庭无法依靠当时的财产养老。如今,这个预测似乎得到了一些验证。在韩国街头,70多岁的快递员已算颇为体面,白发出租车司机也为数不少。

韩国统计厅的数据显示,劳动人口中,60岁以上的比例由2000年的9.3%上涨到了2014年的13.6%。

我们很难一概而论,所有老人坚守在工作岗位都是迫于养老需求,但确实有相当一部分老人因为养老而不得不工作。

当一个国家或地区的劳动人口较多时,他们的生产能力远大于消耗,社会的总体储蓄自然也多;而当青少年和老年人口比较多时,社会储蓄量就会下降。公共储蓄也有类似的特征。所谓公共储蓄就是政府储备用以社会服务的储蓄。当老年人口增多时,社会需要的养老金、医疗保险等费用就会增多,公共储蓄将会下降。

私人储蓄和公共储蓄双双减少,结局可以预料。

储蓄是投资资金的主要来源,储蓄率下降将导致投资不足。

对于个人生活来说,老龄化的影响也非常直观。《中国新闻网》曾报道了这样一个案例,2015年,韩国一位75岁高龄的出租车司机在马路上连续撞了数辆高档轿车和大型车,最终受损车辆的修理费用超过5亿韩元(约合人民币300万元)。警方调查监控录像后认定事故原因在于出租车司机技术不熟练,需要负全责。报道中称,2010~2014年间,老龄驾驶员导致的交通事故在所有交通事故中的比例逐年升高。2010年老龄驾驶员引发的交通事故占比5.6%,2014年这个比例达到9.1%。

生活的真相,往往都在这样的细节中。

第三章 不知老之将至灰犀牛的冲撞

年收入50万美元的纽约家庭为何哭穷?
美国人比中国人爱存钱

不是存在银行,而是"存"到退休资产之中。

至暗时刻

美国的工人们,曾有一个至暗时刻。

1963年12月9日,因为产品危机,美国斯图特贝克公司宣布关闭汽车制造厂,并将公司其他业务转移到加拿大去。5000多名工人因此失业,不久,又有2000多名工人丢了工作。

而且,大部分人失去了自己的退休金。

59岁的工人诺兰·米勒在斯图特贝克工作了38年,因为还未达到60岁,以一年之差,失去了全部退休金。他说:"我们一直认为退休金是有保障的,从来没有想到工厂关闭让我们失去了退休金。这是我们一生中所听到的最大噩耗之一。"

如此众多工人的生计陷入困顿,将千疮百孔的美国退休养老计划赤裸裸地暴露出来,震惊了全美。

这么有经济实力的国家,怎么会发生如此骇人听闻的事?两年后,来自印第安纳州的参议员万斯·哈特克向国会提交了《法案S1575》,寻求建立"一个独立的联邦再保险系统以保护雇员在私有退休金计划中的权益"。在参议院的听证会上,参议员拉塞尔·朗做了如下开场白:"我们大家都听说了印第安纳州南宾德县的斯图特贝克工厂关闭,及其导致的工厂退休金计划终止后所发生的种种悲惨事件……"

联合汽车工人工会主席沃特·卢在证词中发出质问:

"究竟要等多少个斯图特贝克事件发生后,我们才能真正意识到,广大工人在私有退休金计划中的合法利益需要保障呢?"

这件事,终于成了一个转折点。

在对斯图特贝克事件的调查报告基础上,1974年,美国政府颁布《雇员退休收入保障法案》;1978年,《国内税收法》新增第401条k项条款,由此开始推广定额缴存计划(DC,企业提供)和个人退休账户(IRAs)。

这就形成了支持美国人退休生活的"三脚凳"(三个支柱):联邦养老金(提供基础生活保障)、雇主养老计划(DC计划,以401k为主)、个人养老投资账户(IRAs)。"三脚凳"的后两个脚,都是在斯图特贝克事件后建立的,职工缴纳进入401k和IRAs账户的资金,将获得个人所得税税延优惠,即现在不交税,退休领取时再交税。政府让税给职工去投资。

出乎意料的是,因为不断有401k和IRAs的"源头活水"注入,美国养老金的资产规模大幅增长,成为美国1978年至2000年长达22年大牛市的有力推手和获益者。截至2017年底,美国人的个人退休资产总计达28.2万亿美元,平均年增长率超过10%。

一个由人性引发的行为金融学问题

现在可以讲第二个故事了：人到底有多"懒"。

美国的401k计划和IRAs的推行并没有一帆风顺。

这两个计划，当然是有利于美国普通群众的，但是，好的事情不一定会被欢迎。正如，我们都知道早睡早起好，却还是要晚睡晚起；都知道锻炼对身体好，却还是不去锻炼；都知道吸烟不好，却还是要吸烟……

美国在个人养老投资最积极的，是基金公司富达投资。从20世纪80年代末至2000年初，富达在美国每年花2亿美元做投资者教育，用各种方法推广401k、IRAs。

但是，401k项目推进得很慢。美国的职工参与率遇到瓶颈，到2000年初，一直无法突破50%。而且，到了20世纪90年代中期，企业年金选项越来越多，个人收益却越来越低。明明选项从几十个到两三百个，明明这些产品长期收益不错，明明投资工具也很齐全……

太难了！带不动啊！这是为什么呢？哪里出错了？

当时的一批专家对个人养老投资的各种数据展开了研究。最后发现，原来，这是一个行为金融学问题：

一是太专业。绝大多数职工都不是做投资的，而这些养老投资产品，金融术语过于密集，且产品多达几百个，把职工们看得眼花缭乱。

二是太麻烦。政府规定，一个职工有资格参加401k计划了，才可去主动申请，去人事部门填表，然后和税务部门衔接，以获得优惠。

三是长线投资却短线操作，频繁买进卖出。养老本来是长期的事情，首要关注的是长期得失，但是人们往往最在意的是短期的盈亏。

所以，到了20世纪90年代，美国的退休金制度也进入了困顿期……

富达投资以及一批与养老有关的公司组成一个游说团，去美国国会展开游说。这个游说团讲了很多数据，对很多投资行为进行分析，但是，大家纷纷表示无感，毕竟这些人什么数据没看过。真正让决策者们大受触动的，是这个故事：

德国愿意捐献器官的人只有12%，而奥地利几乎人人愿意（99%）。是奥地利人特别有爱心吗？可明明德国和奥地利是同一人种、同一渊源、同一文化呀！

调查发现，区别在制度上：在德国，要做器官捐献，需要主动参与，去警方、卫生机构等机构申请，填一大堆表；在奥地利，却是"默认同意推定"，预设每个合格公民都参加，如果不参加，也可以，但是要去警方、卫生机构填一大堆表……两国是反着来的，区别由此产生。

从这个案例可见，人类之中，"懒人"比例在80%左右。游说团的这个故事以及相应的分析，触动了美国国会投票人，并在2006年通过了改革法案《2006年养老金保护法案》，将过去主动申请，改为自动参加、自动预设投资产品、自动提高比例。

不再需要去填一大堆表，不再需要在一大堆金融产品中做选择，不再需要每年考虑投资比例。工作第一年多少比例，第二年多少,提前预设;提前预设为以共同基金为主的产品;反过来,如果要取消,要改动,则要去填一大堆表……

这样一来,奇迹发生了。

美国职工养老投资选择共同基金的比率大幅提升,到了90%,资金总额更是大幅提升,终于有了今天28.2万亿美元的规模。事后证明,"懒人"比例还真是80%左右:如果401k里有默认的基金产品,80%~90%的人会选择默认产品,而不会去自己仔细甄选。

人的惰性,与生俱来。美国人花了20多年,终于明白了这个道理:养老问题,不等于投资问题,在养老这个问题上,不要试图去改变惰性,而是去改变制度,服务众人。

念念不忘,必有回响。虽然在投资者教育和行为研究上花费巨大,但各公司终有所获。

1994年3月,富国银行和巴克莱全球投资(现已被贝莱德并购)考虑到,无论如何引导,401k计划的投资者总是忘记适时适当地重新调整资产组合。于是他们想到通过设计恰当的产品来替投资者完成资产配置调整,推出了第一支目标日期基金。这就是养老目标基金的雏形。

1996年10月,美国富达投资推出了其第一只生命周期基金(现在一般称"养老目标基金")——Fidelity Freedom Fund。这是第一只现代意义上的目标日期基金。此后一批大的金融公司纷纷跟进,推出了各自的目标日期基金,1996~1999年生命周期共同基金资产净值增幅均在50%以上,在2003~2010年期间,除2008年受金融危机影响,生

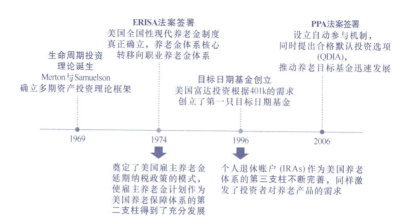

随着美国第三支柱养老金体系的形成，美国人的储蓄被有效引导进入了第三支柱，解决了养老资金的保值增值的问题

命周期基金资产明显下降外，增幅同样保持在 50% 以上。

年入 50 万美元太穷了吗？

2019 年 4 月初，美国纽约一个家庭的抱怨引起了国际各大媒体的关注。

这个年收入 50 万美元的家庭吐槽说自己太穷了，只能勉强维持生活。

50 万美元换成人民币，约为 336 万元。在美国，家庭税前年收入的中位数也只有 7.6 万美元左右。

所以，毫无疑问，这个家庭属于高收入家庭。但是，他们的吐槽似乎又是有依据的，他们的家庭账单显示，虽然税前 50 万美元，但税后只有 27.8 万美元（约 186.7 万人民币）了。账单列完，一年只能存下 7300 美元的存款。这个数字很刺眼。

第三章 不知老之将至灰犀牛的冲撞

年收入 50 万（美元）却还是"温饱"	
总收入	$500,000
妻子的 401k 缴款	$18,000
丈夫的 401k 缴款	$18,000
交完 401k 后剩余薪水	$464,000
40% 所得税实际税率	$185,600
净收入	$278,400
生活开支	
育儿支出（二孩）	$42,000
一家四口食品支出（包括每两周一次的聚餐）	$23,000
按揭贷款（本金和利息）	$60,000
房屋维修保养	$5,000
房产税（房屋价值 150 万）	$20,000
财产险	$2,500
每年 3 个长假开支	$18,000
车辆支出（宝马 5 系、丰田陆地巡洋舰）	$9,600
油费	$5,000
车险	$2,000
人身保险（保额 300 万）	$2,500
一家四口服装开支（不买奢侈衣物和鞋包）	$9,500
小孩兴趣班（体育/钢琴/小提琴/补习班）	$12,000
慈善开支（喂饱孩子项目/校友互助项目）	$18,000
大学教育贷款欠款（10～20 年期）	$32,000
其他开支（总有些杂七杂八的费用）	$10,000
总支出	$271,100
总结余	$7,300

数据来源：美国消费者新闻与商业频道（www.cnbc.com）

这到底是怎么回事？

从列表可以看出，这个家庭的年收入，很大一部分流向了退休福利计划。

所以，实际上，这对夫妇每年存下的钱远不止账面上剩余的7300美元。他俩的退休金福利计划账户一年就有3.6万美元；他们每年的房贷支出有6万美元，偿还学生贷款金额有3.2万美元。这些偿还贷款的支出，实际上可以转化为他们的净资产。

根据彭博社记者的计算，这对夫妇实际上一年可以存下10万美元，也就是税前收入的1/5。

所以，他们实际上存下了很大的一笔钱。只是，这笔钱体现在养老金账户和房产上，而并非现金。同时，养老金账户又还有投资功能。

我们常常说，美国人不爱存钱，中国人更爱存钱，其实这是偏见。美国人也喜欢"存钱"，只是不是存在银行，而是"存"到退休资产之中，不断获得收益。

这个哭穷的纽约家庭，之所以敢于放心消费，甚至一年还有1.8万美元的慈善捐赠支出，底气就在这里。

美国人跳过的坑，我们不需要继续跳

改革开放后的中国，经历了几十年高速增长之后，终于与深度老龄化迎头相撞。当前面临的挑战与刚刚进入老龄化时的美国，有些相似。斯图特贝克事件及其后续的系列动作，值得我们参考。美国人跳过的坑，我们不需要继续跳。

人社部的数据显示，2017年底，全国8.04万户企业建立了企业年金，参加职工为2331万人，参与公司多为国有大型企业，99.7%的企业尚未建立企业年金制度。这与美国"401k"实施之前很像：企业方面，养老退休金依靠"血液里流淌着道德"的大企业自发地发放给雇员，以吸引人才。

个人投资账户，现在才刚刚起步。

美国的退休支持体系

在斯图特贝克事件之后，美国用了几十年时间，靠401k和IRAs逐渐撑起了退休金的"三脚凳"，而目前我们中国养老体系主要靠第一支柱，即基本养老保险，另外两个支柱还有待完善。所以，要让大家有一个幸福的晚年，还有非常多的事情要做。

2018年8月16日，华夏基金与富达国际在北京宣布建立战略合作伙伴关系，共同推进养老目标基金在中国的发展。

这是中国养老金领域的标志性事件，因为双方都足够有代表性。

先看华夏基金。根据银河证券统计，2018年，国内首只公募基金成立20年以来，累计为持有人盈利2.23万亿元，其中华夏基金盈利2119.72亿元，位居榜首；全行业共分红2.06万亿元，其中华夏基金分红1383.20亿元，位居榜首。华夏基金目前各类养老金管理规模达1700亿元。

再看富达国际。富达在美国管理的401k账户超过25%的份额。富达国际，作为富达的国际投资部门成立于1969年，并于1980年独立，为北美以外地区的客户提供服务。

在此之前，华夏基金已与海外投资管理机构如磐安资产管理、罗素投资、荷兰NNIP等进行了深入合作。

也许是巧合。2018年，适逢公募基金在中国成立20周年。根据中国基金业协会的统计："开放式基金成立以来，偏股型基金年化收益率平均为16.18%，债券型基金年化收益率平均为7.64%"。

16.18%是什么概念？如果投入权益类基金，投1万元，30年后是100万元的收益。这期间发生作用的，主要是复利和时间。而这种算法特别适合以养老为目标的投资。（详见第五章）

这 30 万人，为什么来这里吃饭？
700 家免费食堂里的温暖

初冬的上午冷风阵阵。此时正是周二上午 10 点，上海静安区江杨西路上行人不多，宽阔的马路中央，汽车一辆接一辆地呼啸而过。从宝华寺出来向西南方向去，走不多久，便能远远看见二三十个排成长队的老人。

这条路原本路宽人少，老人们排成的一线长队格外显眼，走近一瞧，是一家普通的小饭店，玻璃拉门上写着"拒绝杀戮、没有交易"，头顶的绿底招牌上写着三个白色大字——雨花斋。

一位身穿米黄色棉马甲的义工大姐上前向笔者解释："我们是一家免费的素食餐厅，每天中午大家都能来这里免费吃饭，今天既然来了，进来吃一顿再走吧！"

此时，排队的老人又多了一些。排队的人群中，有坐公交过来的，有腿脚麻利骑着单车过来的，还有拎着一袋子饮料瓶废纸板等废品过来的，当然也不乏一些衣着干净整洁的老人。

"来雨花斋吃饭的有七成是老人，义工里，也有七成是老

江苏省南京市首家公益性免费餐厅雨花斋,到 2020 年,
全国已有超过 700 家雨花斋

人。"义工大姐介绍说,每天来这家雨花斋免费吃饭的,大约有 400 人。

"对很多老人来说,这个免费食堂是他们生存的最后依靠。"另一位义工说。

义工大姐说,也有许多拿着养老金、生活比较富裕的人,他们来这里就是为解闷,而且经常捐款捐物,"不管什么样的人我们都很欢迎,只要不浪费,我们就很开心"。

雨花斋每天的饮食全部依靠爱心人士的捐助维持,包括捐赠的油、米、菜等。目前,全国已经有 700 多家"雨花斋",简单一算,每天能为近 30 万人提供免费午餐。很少有人知道,各家"雨花斋"虽然名字一样,理念一致,却是各自独立的,由不同的人发起,由不同的义工团队运营。

这个社会的善念一直在温暖地流动着。

来免费食堂用餐的老人并非都是穷困者。

61岁的朱大伯每个月有养老金3700多元，在北京的儿子也给他寄钱。每天中午他都去雨花斋吃饭。"我天天往这里来，又有饭吃，还能见见朋友。"据他自己说，每个月他都会主动背一袋大米、买一些蔬菜水果送来店里，以抵偿自己吃饭的"伙食费"。"雨花斋"对于朱大伯来说，和家一般。汪奶奶也是出于类似的原因来这里。她是退休教师，去世的老伴儿曾是部队的军官，因此福利待遇很好。虽然会做饭，但是她人老了爱忘事，又有青光眼，视力衰退得很厉害，在厨房做饭很不方便。有一次她表妹来家串门，才发现汪奶奶冰箱里存放的面包都已经有了淡淡的霉点，但她既看不清，又尝不出来，已经吃了几个。从那以后，她也慢慢成了"雨花斋"的常客。

空巢、独居是老人们来"雨花斋"用餐的另一个主要原因。一些老人因为上了年纪，行动不便，所以每天会有专人给几位最需要帮助的老人提前盛好饭菜，并送到独居老人的家中。

早在2012年，原全国老龄办副主任朱勇就提醒大家：到2050年，我国老年人口将有4.83亿，其中独居和空巢老人的人数将达到2.6亿，占老年人口总数的54%。

每天11点，全国的"雨花斋"准时开饭，虽然各自独立运营，但所有的"雨花斋"在开饭之前，都会先向店中的孔子像鞠躬致敬。《礼记》有云："故人不独亲其亲，不独子其子，使老有所终，壮有所用，幼有所长……"

人们常说，天下没有免费的午餐，但是"雨花斋"却做到了。"雨花斋"的发起人是已逝的文全长老。他也被坊间称为"雨花长老"。倘若我们把视野扩大一些——全国仍有超过1000万的高龄贫困人口,仍有1亿空巢、独居老人时常需要照顾……也许,我们要多做一点什么。

2018年10月11日,国务院办公厅印发了《完善促进消费体制机制实施方案(2018—2020年)》,方案称:"合理放宽社会力量举办医疗机构配置大型医用设备规划预留空间,取消养老机构设立许可,开展家政服务标准化试点示范建设",鼓励养老服务业发展。

在上海,政府在养老服务上的投入很多。比如,由政府主导并给予补贴的"长者照护之家"分布在各个街道,为老人提供公益的短期助养服务。就全国而言,脱贫攻坚的对象很大一部分是农村老人。笔者就听一些老人亲口说:"我在家里有一个儿子,在北京还有一个儿子。""为什么呢?""家里这个儿子还说不好,但北京那个儿子每个月钱都准时打到我卡里。"原来,老人说的是国家给农村老人的养老补贴,虽然金额不多,却令他们备感温暖。

青与银
代际融合的"无龄社会 1.0"

在养老元年的社会服务业,相比于"老龄化社会""养老"这样的措辞,"代际融合的无龄社会"恐怕是更符合理想社会图景的说法。

青银合作中的机遇

如前文所述,我国自 1949 年以后出现过三次"婴儿潮",分别是 1950～1956 年、1963～1973 年、1986～1990 年。

如今,第二波"婴儿潮"也将逐渐步入老年。

就全世界的角度来看,"'二战'后婴儿潮"都是现象级事件,战后婴儿潮一代,是人类历史上最富有的一代,也是受教育程度最高、社会影响力最大的一代。

2021 年 5 月发布的第七次全国人口普查数据显示:60 岁及以上者为 2.64 亿人,占总人口数 18.70%;65 岁及以上者为 1.9 亿人,占总人口数 13.50%。与 10 年前的第六次全国人口普查数据相比,比重分别上升 5.44% 和 4.63%,老龄化进程明显加快。

接下来,中国老龄化问题将逐年凸显。2021年7月公布的《中共中央国务院关于优化生育政策促进人口长期均衡发展的决定》说:"预计'十四五'期间我国人口将进入中度老龄化阶段,2035年前后进入重度老龄化阶段,将对经济运行全领域、社会建设各环节、社会文化多方面产生深远影响。"

以上数字我们既可以看成洪水猛兽,也可以看成沙漠绿洲。如果经济发展是良性的,老年人口红利能被有效开发,那么,代际之间的财富就可以通过两相情愿的经济活动发生转移。

从另一个角度来看,全世界的消费行为已经改变。如果企业界的销售和研发团队能够体察到这种变化,很可能取得令人惊喜的业绩。

比如,这两年从手机端崛起的一些独角兽电商平台,一方面是抓住了电子支付的红利,另一方面,何尝不是抓住了"五环外"中老年人的心理特征和对电子支付的渐趋熟悉呢?

2013年,国家明确开放养老市场,随后,以地产、保险为代表的大型资本集体进入老年产业。2018年,民政部将"全面开放养老服务市场"列为重点工作任务。2019年,李克强总理在《政府工作报告》中指出,要大力发展养老特别是社区养老服务业,对在社区提供日间照料、康复护理、助餐助行等服务的机构给予税费减免、资金支持、水电气热价格优惠等扶持,新建居住区应配套建设社区养老服务设施,改革完善医养结合政策,扩大长期护理保险制度试点,让老年人拥有幸福的晚年,后来人就有可期的未来。

相比于"老龄化社会""养老"这样的措辞,"代际融合的无龄社会"恐怕更符合理想社会图景。

举例来说,笔者注意到,我国台湾地区的新北市,有一个"高年级设计师"项目。这是台湾地区第一个跨世代共创的"银光未来馆设计基地",让老年人投身设计,与企业的年轻设计团队共同研发属于他们的产品,同时为退休后的人生找到新价值。

年轻人是青色,老年人可以看成银色,青银合作,让年轻人和老年人都在银光经济/银色经济中找到机会,找到价值。老者安之,少者怀之,不亦乐乎?

小区里多了个"托老所"

细心如你会发现,近两年间,在一些城市的小区里,除了托儿所之外,又多了几个"托老所"——养老服务驿站、居家养老中心、长者照护之家等。和幼儿园一样,这些"托老所"也大多开办在小区内,面积不大,"麻雀虽小,五脏俱全",服务内容包括:老人全天托管、临时托管、短期托养、老年小餐桌、上门照料等多种项目。

"每天早上两件事儿,送孙子上幼儿园,送妈妈去托老所。"54岁的蔡阿姨家住北京三里屯,2018年4月第一次带着年近80岁的老母亲来到三里屯养老服务驿站后,变成了这里的常客。面对本地媒体的镜头,蔡阿姨很轻松。"现在基本一周来一次,主要是离家近,很方便。在这里给她洗个澡、理个发,见见其他同龄人,她也不会寂寞。"

这类在居民小区内成立的"托老所",可以理解为一种嵌入式的养老服务站,模式是:"专业护理团队+居民小区卫生所+居民小区老年活动中心"。在这些养老驿站、长者照护之家中,不同身体状况的老人都能得到照顾。比如,有适合自理老人参与的绘画、器乐、书法、太极拳等娱乐活动;有适合半自理老人参与的康复训练、老年小餐桌;还有面向非自理老人的医疗看护、生活照料服务。

这就好像是把一个个养老院"掰碎"了放进小区里一样。老年居民不需要离开家去陌生的养老院居住,在自家小区内就能获得生活照料服务,并且,收费更低,照料护理费大约为100元/天,短期入住费用每月3000~6000元。

上文中所提到的北京三里屯养老服务驿站,正是嵌入式养老服务站的发源地之一。

在2013年10月,国务院发布《关于加快发展养老服务业的若干意见》提出,各地在制定城市总体规划时,须按标准、分区分级规划设置养老服务设施;新建城区和居住小区,要按标准配套建设养老服务设施,老城区和居住小区,要限期开辟养老服务设施,且不得挪作他用。三里屯这家养老服务驿站,就是由北京市政府投资,由企业团队接手运营的医养结合服务站。

2018年,北京市政府先后公布了两批符合标准的社区养老服务驿站,总数量为236家。与此同时,北京市政府正在建立10家智慧型养老服务驿站,配备智能居家养老看护系统;还将推出一系列养老服务驿站运营补贴政策。

相比北京市"政府投资,专人运营"的形式,上海市在嵌入式养老服务站的建设方面主要采用"政府招标,企业投资"的形式,显得更为灵活小巧,张力凸显。目前,上海市的"托老所"市场已经有了几家名声响亮的连锁品牌。

据上海市民政局、市老龄办、市政府实事项目统计,2016年底上海市共有长者照护之家73个,床位2100多张;2017年上海新增长者照护之家54个,新增养老床位7088张;2018年,上海再度新增7100张养老服务床位,其中70%分布在公立养老机构,约500张分布在长者照护中心。

这些"托老所"还处于发展的初级阶段,当它们普及到三四线城市并蓬勃发展之后,故事也会相应而来。

独立"长者小区":仿照美国 CCRC 设计

如果把"托老所"比作小区里常见的幼儿园,那么"长者小区"就好像是城市里的一个大学城,长者小区仿照美国持续照料型养老社区(CCRC)设计,近年来渐渐流行。

在长者小区中,绝大多数人都是老年居民。小区内除了居民住宅之外,还会配套很多功能性建筑,比如医院、超市、餐厅、健身娱乐场馆、康复中心、介护中心、日间托管中心、老年大学等,甚至有的长者小区还配备家族纪念园(墓地)、金融/法律咨询中心等。

除了功能性建筑之外,小区的工作人员也都具备养老的专业知识技能背景。如医院的医生、护士、护理员、康复师、营养师、心理咨询师、金融法律专员、专业修理工,甚至还有从高档餐厅请来的大厨。

长者小区的高端有时还体现在生活细节方面。对老年人居住的室内家具进行适老化改造。比如,在洗手间内增加扶手,帮助老年人如厕后起身;在住宅楼内增加急救通道;在地面铺设防滑材质,减少台阶,防止老年人摔倒;在卧室床边设置医疗设备对应接口,方便老人在家接受治疗。

这么高端的小区,住起来一定很贵吧?

没错,大部分长者小区的目标客户是高收入家庭。这类养老社区前期人力物力投入极大,一般由大型资本集团主导,比较著名的例子有泰康旗下的"泰康之家"、万科旗下的"智汇坊"、亲和源旗下的老年公寓,以及各地方政府主导建设的CCRC养老社区等。

在北京昌平某品牌长者小区 2018 年的费用表里,最低的是 64 平方米的一居室,需要 20 万元入门费,办卡 120 万元,基础月费 1 人 6200 元,不含餐费。而高级的是 181 平方米的两室一厅,入门费依旧,办卡费提到 360 万元,基础月费单人价提到 17400 元。价格着实不菲。如果是需要提供专业护理的,按照级别分类,最低一级的"协助生活",月费为 16000 元。

在这里,配备了康复医院,同时和北京三甲医院合作设立专用绿色通道;有专业照护机构,有协助介护的日间托管中心,有为被记忆障碍所困扰的老人设置的专业辅助设施,有高端会所(内有恒温泳池、高尔夫球场、健身房、电影院、花房等)和幼儿园等。

保险企业布局养老社区的动作从 2007 年就开始了。以泰康、合众、国寿三家布局最早,后续又有平安、恒大、太平洋等加入竞争。随后地产企业也快步跟上，比如万科的"智汇坊"、远洋地产的"椿萱茂"。

相比这些大型资本集团，普通企业涉足养老社区市场的难度很大。

一些会员制养老社区在运营中遇到了许多问题，也有机构试图利用会员制打造出商业模式。比如上海一些长者社区项目，通过房地产信托投资基金（REITs），把流动性比较差的巨额房地产资产证券化，通过在二级市场发售证券，快速收回资金保证现金流，并且将投资风险分散。

老年住户来到这种模式的机构，要交两笔钱。第一笔是购买会员卡的卡费，这笔钱其实是老年住户加入REITs基金的信托投资款，能获得基金收益分成，可继承、可转让、可退还。第二笔是老年住户每年缴纳的服务费，这笔钱在扣除了运营成本以后，作为REITs基金的收益，最后分享给全部投资者。

这样相对新颖的模式是否可以顺畅运行？因为过程合规要求很高，还有待观察。

机器人和年轻志愿者入住养老公寓

过去，国内养老机构有两大问题被媒体诟病。一是民营和公办养老院入住率差异大：民营的门庭冷落，公办的却要排队好几年才有空床；二是很多养老院缺乏对老年人的精神关怀，居住者又多为失智、失能老人，养老院缺乏活力。

随着国内近两年养老院的发展，这两大问题都找到了相应的突破口。

根据笔者在北京、上海的多家养老院调研走访,许多养老院非常人性化,处处有温度,令年轻人也感觉到春风拂面,精神一振。大多数养老院的院长和中层都是年轻人,不仅学历高,不少还是从体制内重要岗位跳出来的,他们的热情很感染人。

2017年12月26日,由阿里巴巴试点打造的全国首家智能养老院在北京成立。这家养老院名为普乐园爱心养老院,由天猫为养老院中的20个房间提供智联网方案,比如能够用语音操作家用电器,房间内设有传感器,能够采集数据帮助AI进行深度学习,更好地为居住者服务。

2016年,中国人寿委托广州一家公司研发了健康监测服务机器人"小康",投放在公司旗下的养老社区、养老院中。该机器人可以监测人的生命体征,能提供简单的健康体检服务,还能提醒老人吃药、在房间内巡逻、管理家用电器等。类似的服务机器人,比如"阿铁",在2016年进驻杭州社会福利中心;还有由河北工业大学郭士杰教授团队研发的护理机器人"白泽",在2017年5月第四届中国机器人峰会中亮相。

在养老院内使用机器人护工、采用智联网设备方便老人生活,虽然目前还只是苗头,但却是未来养老院节约人力成本、提高居民生活便捷度的好方法。当然,这也意味着民营养老院未来的发展优势将向大资本、大企业倾斜。

另一大问题——养老院内气氛沉闷的问题,也有新的突破。

2018年5月,杭州市滨江区政府正式向社会公开招募年轻志愿者入住养老公寓。这些年轻志愿者可以用志愿服务——比如陪伴和服务老人——抵扣养老公寓的房租。通过这个项目，年轻人能够减轻房租压力，老年人能收获相应的陪伴和服务，养老院增加了活力，入住率稳定，实现了三方共赢。

无独有偶，位于北京东三环，乐成养老旗下的"恭和苑"，尝试把幼儿园和养老院办在了一起，小朋友为老年人带来欢乐，身体健康、生活自理的老年人能够给小朋友讲故事、陪他们做游戏。

如果将视野放在全国范围内，而不仅是一线城市，就会发现养老院的发展仍然存在其他形式的"冰火两重天"——大企业办养老院将更有优势，城市（尤其是一线城市）里的养老服务明显好过农村；哪里越有钱，哪里的养老服务就越好。要平衡这种"马太效应"，恐怕不是一朝一夕的事了。

资源很少人们很老，也能向往美好
日本养老服务精细体系的启示

一个社会就算没有医疗保险，也会有医院和医生，但是，如果没有介护险，能够提供的介护服务则是有限的。

前面几篇文章中，我们密切关注了日本的老龄化困境。我们更要注意到，1970年就进入老龄化社会的日本，在养老服务业也积累了大量经验，值得我们学习。

这家养老院的活力从哪里来？

日本的游戏产业在全球领先，如果有人说，日本有一家养老院借鉴了游戏里的经济系统，调动起老人的活力，你会不会吃惊呢？

东京电视台就报道过这样一家养老院。

爱知县一宫市有一家能够容纳250名老人的养老院。这个规模在日本算是大规模了，因为在日本，养老院一般进行精细化运作，老人数量平均在30人左右。不过，人们好奇的并非是其规模，而是这家养老院通过各种规则设定让老人们的生活充满了活力,甚至让人觉得这是一种"青春"的气息。

他们推出了一种名叫"SEED"的虚拟货币。养老院模仿日元印刷了各种面额的纸币,材质、设计都和日元很像,容易让人产生代入感。老人入院时会得到一定额度的启动资金,在随后的日常生活中,领取各种"任务",完成任务便会获得一定的 SEED 币奖励。比如,完成 100 米散步可拿到一笔 SEED 币,自己完成洗漱也能拿到 SEED 币,等等。SEED 币可以去泡温泉,买各种各样的美食,甚至可以用来"赌博"。

很明显,这样的制度设计充满了年轻人的色彩。这个简单的虚拟币制度让养老院中的老人们似乎一下子就找到了把控生活的感觉——不再是被动地接受社会的赋予和施舍,而是自己拥有了"选择权"。这种感觉给了他们更高的幸福感和更加昂扬的生活状态,养老院整体的康复率也随之提高。

最初,这种模式会令人产生疑惑。

老人觉得自己沉浸在"劳动——赚钱——消费"的循环之中,但是这种循环只是虚拟的假象。所谓"劳动",散步也好,自理洗漱也好,都不能为养老院提供真正的收益,他们的消费却是实打实的。换句话说,老人用 SEED 购买的美食、温泉、赌博娱乐等,其实都是他们在入院时用现金购买的服务,只是养老院没有把这些服务直接摆在老人面前。

人有两种基本属性,自然属性和社会属性。退休之后,他们在失去收入的同时,也会逐渐脱离原来的社交圈,对社会的影响力逐渐淡化乃至消弭。这往往会令人产生恐慌和空虚的感觉。

有的人在岗位上,英姿勃发,离开岗位后,颓气尽显。所以一提养老,有些人不免有一些沮丧的心情。

但是,换一种角度来说,很多人恐怕并不关心社会属性的丧失这个真相,人们可能只想找回拥有社会属性的这种感觉。

虚拟经济系统由此产生。在这个"生态系统"下,老人通过自己的"努力"赚到了"报酬",找到了自食其力的感觉,收获了尊严和自由。在他们的认知中,自己不再是任何人的负担,负面情绪为之一扫。

这就是这个养老院成功的奥秘。

当然,因为过于前卫,即便是在日本,这家养老院也仅是一个特例。日本还有许多家各具鲜明特点的养老院,它们共同构成了日本的养老服务体系。

"介护"制度化

日本养老服务业有着非常显著的特征。

首先是介护制度化,特别是独特的"介护险"。

介护综合了"身体照护"和"家务服务",包括身体清洁、协助饮食起居以及家务服务等,在我国台湾地区通常翻译为"长期照护"。与之相应,日本有一种独特的保险制度——介护险。2000年,日本出台了相关法律,实施介护险制度。同一般保险不同,介护险最终的给付方式不是货币,而是介护服务。日本40岁以上的人必须缴纳介护险。

哪些人能够享受到介护服务呢?介护险制度把40岁以上的人群划分为两类:40~65岁及65岁以上。对于65岁以上的老人，当他们需要介护服务时可以提出申请，结果认定之后便可以享受介护服务；对于40～65岁之间的人群要求则比较苛刻，只有在患有癌症晚期、关节炎、风湿病等16种规定的疾病时才能享受到介护服务。

缴纳介护险之后，享受介护服务的费用相当廉价——费用的一半来自国民缴纳的保费，另一半来自国家和地方财政，由国家、都道府县政府和市政府提供。

参加介护险能够享受到的介护服务有两类：居家服务、机构养老服务。当在家中养老的老人需要时，可以申请居家服务的工作人员上门为老人提供餐饮、洗浴等养老服务；对于一些健康条件比较差，甚至生活无法自理的老人，可以提出申请入住指定的养老机构，享受医疗康养服务。

同时，为了合理规划介护资源，为老人提供精准的介护服务，相关机构将老人按照健康状况分为7个等级，提供差异化的介护服务。

日本把介护服务部分"外包"出去，由有资质的私立机构承担。当下的日本养老服务市场比较成熟，法律监管也比较到位，良性的竞争机制也已形成，这也为介护险的推行提供了条件。今天，对于介护险所带来的财政压力的质疑声音屡见不鲜，但由于目前国内尚未有类似的制度设计，它仍有借鉴价值。

机构精细化

其次，日本的养老机构呈现出精细化的特征。

日本是一个资源稀缺的国家。为了提高资源的利用率，日本国民生活中处处精细。一套垃圾桶一般有四五个，金属易拉罐和塑料瓶都要分类丢弃，如果没有按规定处置垃圾，严重了甚至还要承担法律后果。

当日本把这股精神用在养老服务业时，成绩同样惊人。

按照老年群体不同的健康状态、精神状态、经济状况等因素，日本的养老机构有十多种：一些小而精的养老院甚至只专注一种服务，如仅仅作为对家庭养老的补充，就有专门从事日间照料和短期入住服务的养老院。

顾名思义，从事日间照料服务的养老院早上接老人入院，白天老人在养老院中就餐、参加集体活动、做康复训练、日常洗浴等，晚上再把老人送回家休息，如此反复。日间照料就是精细化思维的体现，因为如果养老院设置大量床位，老人又有自己的住宅，就会形成资源浪费——而实际上许多身体状况较好的老人并不需要24小时照料。

短期入住服务则是解决传统居家养老问题中的一些痛点。可能出于经济或传统观念上的考虑，许多家庭中生活不能自理的老人由子女来照护。但是这种模式有个很大的矛盾——老人高度依赖子女，日常起居都离不开家人，这样就束缚了家人的日常社会活动，比如，需要出差或者旅行的时候，就会很尴尬。"短期入住"模式瞄准这种痛点，在必要时，老人可以在养老院中接受短期照料服务。

此外，针对不同老人人群的需要，日本还有许多各具特色的养老院。如专门针对认知缺陷的养老院，从人员配置到特定服务，乃至设施，都针对老年痴呆症作了相应设计和改进。

正是这种极其精密的养老服务市场，使得日本能够最大程度地利用人才和设备资源为老人提供优质的服务。

对习惯于追求规模效应的社会来说，日本这种贪大不如做小的设计有中和作用。大小结合，参差多态，才是最好的。

设施人性化

日本的养老基础设施也体现出人性化的特征。

日本的制造业一向以追求"工匠精神"自诩，当"工匠精神"与养老设施相遇的时候，其化学反应值得观察。

在一些养老学家看来，养老院中的老人之所以身体和精神状态不佳，多数是因为剥离了家庭和社会关系，而简单家务能帮助老人找回这种生活上的参与感，使他们精神状态愉悦，同时还能作为康复训练手段。所以，日本许多养老院中会设置厨房，不是后勤保障部门的厨房，而是专门针对老人设计、老人可以自己动手的厨房。厨房用具也同样讲究。比如，考虑到可能会因为骨萎缩或者驼背身高比一般人矮，烹饪时一般又需要站立操作，所以养老院厨房的台面会设计得稍微矮一点。除此之外，还有厂商专门针对轮椅老人制作出适用的厨房用具。

这种适老化设计细节遍布养老院中每一个角落。盥洗池台面不能太高，要能方便老人使用；台面下的空间要大，方便坐着的老人可以舒适地放置下肢；墙面多安装扶手，以便老人行走不便时随时使用；等等。

中国可以借鉴什么？

我国的养老服务业任重道远。

以养老机构为例，首先是量不够、价格高，"公立进不去，私立住不起"。2018年11月，《工人日报》报道了记者对北京、上海的两个养老院的调查，结果颇为尴尬：北京第一社会福利院能够提供1100个床位，相比日本养老院可谓巨无霸了，但是排队登记入住的老人一度超过了10000人，几乎是床位数量的10倍；上海静安区公办民营的乐宁老年福利院能够提供167张床位，每张床位月价约4000~5000元，且仅对静安区户籍老人开放，即便如此，仍出现一个床位要等10年的局面。

宏观统计数据更能说明这个领域的紧迫性。

国家统计局数据显示，2019年年末我国60岁以上的老人有2.54亿。民政部《民政事业发展统计公报》显示，截至2019年年末，我国各类养老机构和设施有20.4万个，养老床位775万张。经过计算，每千名60岁以上老人拥有养老床位30.5张。

如果这样的局面不得到改变，加之未来老人的人口基数更大，将更难有养老院可供选择。

不过，这也潜藏着一个巨大的创业机会。

如果养老产业朝精细化方向发展，那么，就可以让代际间的财富通过两相情愿的经济活动转移。与其说是为老年人服务，何尝不是老年人给年轻人准备了巨大的市场空间呢？

日本养老服务业的公司也在向中国输出养老理念和养老

服务，但最终结果都不是很理想。

这是为什么呢？

日本的服务业虽然发达，但是企业体量较小，不具备雄厚的资金实力和海外投资经验。因此，日本养老服务业公司向中国输出的时候，多是和本土企业进行合资，这就对日本养老服务的输出造成了诸多限制。另外，因为配套不足，日式养老服务的成本在中国相当高昂，注定只能由少数高收入老人享用。

可见，是急不得的。

日本在1970年就进入老龄化社会，养老服务业也经过了近50年的沉淀与积累才得以发展至今，整个历程包含了天时、地利、人和的因素，简单地兴建养老院、加大养老投资，问题并不能迎刃而解。

1963年，日本政府制定了《老年福祉法》，规定了老人福利设施的运营标准，致力于将老人福利制度在日本社会扎根。这条法律颁布不久，老人看护服务从以往只针对低收入老人演变为针对所有老人；1983年日本出台《老人保健法》，革新老年人保健制度；1989年，日本政府出台《改善老年人健身福利的十年计划》，推动了居家服务和养老院服务工作。

对日本养老服务业影响最大的介护险制度则是2000年出台的。

这是第一个以提供服务作为给付的保险。一个社会就算没有医疗保险，也会有医院和医生，但是，如果没有介护险，社会能够提供的介护服务是非常有限的。介护险调动了民间的力量，大大增加了介护服务的供给量。养老服务业的繁荣也使得更多人从事专业的介护服务，其社会地位和薪酬都有了保障，人才培养体系也逐渐完善，形成了一种良性的循环。

一个好消息是，2019年4月，国务院办公厅印发了《关于推进养老服务发展的意见》（国办发〔2019〕5号），提出："加快实施长期护理保险制度试点，推动形成符合国情的长期护理保险制度框架。鼓励发展商业性长期护理保险产品，为参保人提供个性化长期照护服务。"中国版的介护险正在路上。

日本服务业长时间的沉淀与积累，已经形成了包括资金募集与管理、养老服务标准规范、专业人才培养等多种要素融洽共存的局面。这正是今天中国的中、青年一代要一起努力推进的，这个领域做好了，将不仅有利于现在这一代老年人，更重要的是，当这一届年轻人变老时，才有得到更好服务的机会。

所谓未雨绸缪，大概是整个社会不同代系的人一起努力的事吧。

在写作本书的过程中，笔者找到了北京一些养老院的负责人访问，发现他们中许多是刚刚入行的年轻人，有的是从政府部门辞职出来的，有的直接就是以养老领域为起点，看到他们对未来充满信心的样子，我不禁对中国养老服务业充满期待，相信它可以惠泽更多人吧。

一念之善如何改变世界
AARP 背后的女人

服务他人，而不是被服务。"这不仅仅是社会的重建，也是一种复活。"

美国最大的非营利性组织、华盛顿最强大的游说部门、发行销量最大的杂志……在美国，有这样一家机构，它有着一系列的光环，而最亮眼的是服务于这家机构的人数，根据其官方年度报告数据，2018 年会员数量超过 3800 万，有 2000 多名员工、2 万多名志愿者，办事处遍布美国 50 个州，在 2016 年收入达 16 亿美元，支出 15.6 亿美元……

这就是美国退休人员协会（AARP），全球最成功的老年人群服务组织之一。

一个老年主题的组织竟然有这样大的影响力，这是为什么？它又是从何而来的呢？

服务他人，而不是被服务

AARP 的背后首先是一位女性——埃塞尔·佩尔西·安德鲁斯（Ethel Percy Andrus）。

安德鲁斯 1884 年出生于旧金山,刚出生后不久,她的父亲要在芝加哥大学完成学业,她便也跟着搬到了芝加哥。

在安德鲁斯很小的时候,父亲就告诉她,人的一生要做一些有意义的事情,当自己服务于他人的时候,生活也会给予自己最丰厚的馈赠。这种教育观念深深地影响了安德鲁斯,她早早就立下了座右铭:"服务他人,而不是被服务。"(To Serve, Not to Be Served.)

请留意这句话,它后来成为 AARP 的口号,影响了无数人。

青年时代的安德鲁斯,被她父亲描述为"一个努力的年轻律师""自己最自豪和最出色的助手"。1903 年,安德鲁斯从芝加哥大学获得了学士学位,开始了在路易斯学院(现伊利诺伊理工学院)的教学生涯。与此同时,安德鲁斯还在赫尔馆(Hull House)做志愿者。

这个赫尔馆在当时颇具影响。它的创立者劳拉·简·亚当斯(Laura Jane Addams)因争取妇女、黑人权益而获得 1931 年的诺贝尔和平奖,是美国第一位获得诺贝尔和平奖的女性。作为"睦邻中心"概念的一次实践,赫尔馆的特点在于:受过良好教育的大学生和劳动者、贫民在同一社区中生活,睦邻中心的工作人员为社区制订消费、娱乐和教育计划。

那么,亚当斯为什么会创立这个机构呢?在大学毕业之后的欧洲旅行中,年轻的亚当斯从汤因比馆中吸取灵感,并接触到了睦邻中心的概念。1889 年,亚当斯和好友从一位商人那里接手了一栋楼,该楼于当年的 9 月 18 日敞开大门,这就是赫尔馆。

当时的赫尔馆主要服务于芝加哥东部生活贫困的欧洲移民。在那里,每周来赫尔馆就读夜校、上幼儿园的有2000人次;同时,赫尔馆还提供公共厨房、艺术画廊、健身房、图书馆等场所服务。

安德鲁斯在赫尔馆的这段实习经历很有可能极大地影响了她的人生,正如她后来所写:"这不仅仅是社会的重建,也是一种复活。""我在那里了解生活,学会了尊重不同种族和不同信仰的人。"

1910年,因父亲的健康问题,安德鲁斯和父亲一起回到了加利福尼亚州,并开始在当地的一所高中担任老师。1916年,她获得了亚伯拉罕·林肯高中助理校长的职位。第二年,校长辞职,安德鲁斯接任了这一职位。

这并不是一个显赫的职位,但这项任命还是在当地造成了反响,因为这是加州第一个女性校长,且一当就是28年。20世纪初的美国,意识形态在悄然地发生一些变化,而安德鲁斯恰逢其时。

林肯高中规模很大,学校的建筑可以俯瞰洛杉矶河,只不过,光芒的阴影下并非都是美好:学校位于贫民区,学校四周简陋的公寓和窝棚里集中了来自日本、墨西哥和意大利等国的游民,常常引发诸多社会问题。受此影响,林肯高中也是当时全美青少年犯罪率和辍学率最高的学校之一。

这时,安德鲁斯想起了赫尔馆的实习经历,着手解决多元化带来的冲突。

安德鲁斯同洛杉矶社区医院合作，为学校培训护士；努力劝说退役运动员来到学校出任体育教练；她积极联络各种基金会和民间协会，为学校赞助教育奖励和奖学金。当然，安德鲁斯也采取了一些有争议的措施，比如她废除了拉丁语和希腊语课程，设立了职业课程。

这一系列动作之后，校区的辍学率下降。洛杉矶青少年法庭甚至设置了一笔鼓励资金，用以嘉奖安德鲁斯和学校对于防治青少年犯罪做出的贡献。1940年，美国国家教育协会还将她的课程作为减少犯罪和种族冲突的范例展示给其他学校。

安德鲁斯还和商业人士合作，通过学生联系上了他们的家庭，开办了一所成人教育学校，帮助附近的居民提高一些专业技能和英语水平，提高就业率，改善社区治安。

不得不说，她的视野，已经超越了校长的岗位。

进入老龄化大趋势的美国，有一个机构是注定要诞生的

1944年，60岁的安德鲁斯退休。

退休就意味着逐渐剥离与社会的关系，自己施加于社会的影响也会逐渐消失。安德鲁斯的职业生涯即便止步于此，当地人也会深深铭记和感恩这位出色的教育家和人道主义者。

但，加入了加州退休教师协会后，安德鲁斯遇到了一件事。

有一天，附近杂货店的老板给了安德鲁斯一个地址，说已经好几天没有看过这个老太太了，希望安德鲁斯能够留意。安德鲁斯按照地址去打听，发现这位老太太是一位贫困的退

休老师,病得很重,但是没钱看医生。安德鲁斯是个性格温和的人,极少生气,这件事却让她无比愤怒——这个社会竟然容许退休教师过着这样的生活?

她退休的时候,每月的退休金只有60美元。她自己有积蓄,并不指望用这点钱来维持生活,可是,对于许多退休老师而言,每月60美元的退休金是他们唯一的收入来源。

安德鲁斯的愤怒很有理由。按照美国国家卫生统计中心的数据,在1947年安德鲁斯创办NRTA的时候,美国65岁以上的老人中,有75%不得不依靠家属照料,有55%生活在贫困线以下。

她决定做点什么。

1947年,安德鲁斯创立了全国退休教师协会(NRTA),在全美范围内把退休教师组织起来。为了"将尊严还给这些身无分文的退休教师",安德鲁斯需要找一家能为NRTA会员提供医疗保险的保险公司。可是,在那个年代,退休人员基本上不可能购买任何医疗保险,因为老年患病的概率太大了,保险公司不愿意设计这样的产品。当时,NRTA已有2万名会员,尽管这将给保险公司带来巨大的潜在用户,但还是被40多家保险公司拒之门外。

那就换一种思路,安德鲁斯决定先创建一个NRTA社区连锁机构,提供医疗和养老护理服务。

1953年,安德鲁斯来到奥哈伊(加利福尼亚州的一个城市)的一所高中演讲,偶然发现一幢三层楼的房子——Grey Gables,里面包含了公寓设施、公共生活区、图书馆和音乐厅，甚至还有一部电梯。业主打算将它设计为文化中心或教师宿舍。这正是安德鲁斯一直在苦苦寻找的房子，经过一番周折，她买下了这栋房子，将其作为退休模范社区和 NRTA 总部。随后，她又买下了 Grey Gables 旁边的一家汽车旅馆，并在旅馆周围新添了几幢公寓。

1956 年，安德鲁斯苦苦寻觅的健康保险服务终于有了着落，一个保险经纪人愿意为 NRTA 会员制订健康计划。NRTA 有了保险服务。

NRTA 所提供的这种系统性服务，在当时已经迈进老龄化时代的美国，都是很稀有的。越来越多的退休人员感动于安德鲁斯的努力，更希望安德鲁斯能为他们制订退休计划。安德鲁斯心有所感，决定成立一个面向全美所有退休人员的组织。1958 年，安德鲁斯的律师向相关部门提交了组织文件，申请成立美国退休人员协会。5 年后，1963 年，AARP 会员达到了 40 万。

美国有一位作家曾说：每一篇注定诞生的文字，都是有生命的，它就像一个灵魂一样游荡在这个世界上，寻找合适的人，借用他的笔，写出来。其实，同理，进入老龄化大趋势的美国，服务于老年人的机构注定是要诞生的，它在美国的大地上到处寻找，终于找到了安德鲁斯这样一个合适的人，并借用她的手，最终把 AARP 搭建出来。

人多力量大

安德鲁斯的合伙人罗纳德·戴维斯（Leonard Davis）也

成立了自己的保险公司，为所有的AARP成员提供低成本的医疗保险。毫无疑问，这也为戴维斯积累了巨大的财富。可能受到安德鲁斯的影响，戴维斯并没有成为一个逐利的商人，而是成为美国知名的慈善家。1973年，他在南加州大学建立了老年学研究中心，该中心成为美国历史最长、规模最大的老年学研究中心。

借助集体"人多力量大"的优势，AARP为它的会员提供了多种服务，除了低成本的医疗保险外，会员可以购买折扣处方药，可以享受团体旅行服务，可以享受AARP合作餐馆、酒店、汽车租赁商的折扣服务，等等。

此外，AARP还有着不可忽视的政治影响力——它的会员太多了，全美近1/5的选民都是AARP的会员。所以，尽管AARP不属于任何一个党派，但是当面对事关老年人的决策时，AARP的态度就自然而然地变得非常关键。基于自己庞大的会员数量，AARP取得了许多立法上的胜利。安德鲁斯在任期间，AARP推动通过了新的老年保健医疗制度和医疗补助制度；改善了社会保障体系，使得老年人可以享受税收优惠；通过了禁止强制退休、歧视老年人的政策；等等。

通过安德鲁斯和AARP的努力，数以百万计的美国老年人摆脱了孤独与贫困的困扰，重新回到了社会生活中。退休老人可以做兼职工作、旅行或者来AARP做志愿者。

回到文前提到的AARP期刊。这本期刊早在AARP成立之初就已经创办，后来成为美国发行量最大的杂志，甚至可以说是世界上发行量最大的杂志——依托于美国规模庞大的老年人群及其组织,期刊的成功不言而喻。

1967年安德鲁斯去世,她的遗志被传承了下来——1968年安德鲁斯基金会成立,加州大学也建立了安德鲁斯老年学中心,目的是通过研究老龄化来改善老年人的生活。

1998年,安德鲁斯入选美国女子名人堂。

据说,在安德鲁斯去世的时候,她的财产只有10万美元。然而,至今仍有几千万的美国老年人在享受着安德鲁斯的遗产。

新加坡的故事

既励志,又残酷

> 如果我们翻开新加坡职员的工资清单,会看到一个完全不同于中国、美国和欧洲的工资构成。

回顾历史,小小的新加坡一直处于多元族群的文化冲突中;几乎没有任何自然资源,连淡水资源都需要进口;地理位置特殊,历来为兵家必争之地。这些似乎都表明:它无法成为一个独立的国家。

但是,新加坡建国后不仅存活了下来,而且发展迅猛。

如果我们翻开新加坡职员的工资清单,会看到一个完全不同于中国、美国和欧洲的工资构成。

比如,一个税前收入5万新加坡元(约合人民币25.3万)的工薪阶层,可能需要缴纳1万左右新加坡元的公积金,剩下的部分才需要计缴所得税。因为新加坡的所得税率极低,起征点极高,剩下4万左右新加坡元,需要缴纳的所得税可能仅有数百新加坡元。

这就是新加坡的独特之处。个税极低,财政收入少,养老基本上不要指望政府，养老金基本都来自个人和企业缴存比例很高的公积金。政府仅起到引导作用，一般不提供财政支持，也不承担国民的养老责任，只与社会公益组织合作，对没有劳动能力、没有个人储蓄的老人伸出援手，提供一定范围内的救济服务。

从一开始，新加坡政府就试图避开欧洲福利国家的发展方向，在养老方面，更倾向于让有能力、有积蓄的人过上体面、有尊严的晚年生活。

这便是新加坡中央公积金制度成立的初衷。这也与新加坡人的性格特质有关。

新加坡先民以早年下南洋的华人为多数，靠着汗水和智慧，他们在东南亚争得立锥之地，并将这种精神作为生存"常识"传递给子孙。这种艰苦奋斗的情感底色遍布新加坡社会的上上下下，从领导层、政府到公民自身。

新加坡华人已经把个人奋斗植入了他们的基因，所以，起始阶段，他们认为过高的社会福利可能会侵蚀这种基因，进而降低新加坡的国际竞争力。

"收入差距是由个人能力、努力与社会竞争决定的。"这在新加坡是被广泛接受的信条。政府鼓励人们工作、储蓄、养老，而政府更多的是一个基金管理人的角色，引导人们储蓄、管理养老基金，并使用养老基金再投资实现增值。

对于那些没有固定经济来源、生活得不到保障的老年人，新加坡政府和一些社会公益组织并不把经济救济当作主要手段，而是鼓励自力更生。比如，通过《雇用老年人法案》设置了一系列免税和奖励政策，鼓励企业雇用62岁以上的老人。

用"养老金"来概括新加坡的中央公积金，可能有失偏颇。因为中央公积金是一个全方位的保障系统，其涵盖的内容不止养老。国民可以使用中央公积金来购买组屋（"组屋"由新加坡建屋发展局开发、售卖，购买不同房型有不同的申请条件，以实现"居者有其屋"为目标），也可以用于家庭保障和医疗计划等。

中央公积金局持有大量政府有价证券，比如新加坡举世闻名的组屋制度，起步资金的主要来源就是中央公积金。它听上去像一个政府部门，运营模式却类似于淡马锡公司（财政部监管、私人名义的国有资产投资管理体系），是一个独立的系统，独立核算，自负盈亏。同时，这种封闭的基金管理模式有着很强的自我保护性，可在一定程度上免遭全球经济震荡的波及。

新加坡政府无法干涉中央公积金局的投资行为，但可以通过调整养老金缴纳政策来影响其规模，因此，中央公积金之于新加坡，也是一种宏观经济的调控工具。经济繁荣时，可提高养老金的缴费率，加速资金回笼，抑制通胀风险；经济萧条时，可降低缴费税率，降低企业的运营成本，促进投、融资，与此同时，国民手中现金多了，也能刺激国民消费。

作为一个国家，新加坡先天不足，以弹丸之地漂泊于大洋之上，缺少资源。但是，新加坡人却凭借坚韧的精神、高效的领导团队、合乎国情的政策和外交上的运筹帷幄，硬是在逆境之中站稳了脚跟，争得了发展机会，并在建国后短短二三十年中，就取得举世瞩目的发展成就。

　　从客观上看，新加坡体量很小，管理上有很多便利之处，许多政策也只能在新加坡施行，但是他们所奉行的那种坚强、独立、勤劳、奋斗精神，却是具有普世意义的。

"惜食堂"与强积金
香港之路

香港的老龄化速度迅猛异常。1995 年，香港强积金法案出台，并构成香港养老金体系的核心部分。

一座食堂的温度

饭店里卖剩的饭菜、菜摊上外观不新鲜卖不出去的蔬菜、超市临近保质期的面包、罐头……在中国香港，这些都被一个机构尽力搜集起来，然后加工成套餐，免费提供给没有依靠、三餐无以为继的老人们。每天，由三菜一汤构成的基本套餐，从这里抵达老人们的餐桌。

这个机构叫作"惜食堂"。

世人都知中国香港作为世界级都市的繁华，却很少有人知道多少"老无所依"与之并行。

被香港特区政府认定为"贫穷人口"的，一度达到 140 万人，贫困率为 20.4%，也就是说，每 5 位香港市民中就有 1 位属于官方认定的"贫穷人口"。2019 年，特区政府发布《2018 年香港贫穷情况报告》：政府恒常现金政策介入后的贫穷人口为102.43万人，贫穷率为14.9%。即便已经取得很大成绩，14.9%的数字也并不好看。尤其是，即便在新政策介入之后，2018年的"长者贫穷率"仍有30.9%，也就是说，10位老人中有3位贫穷人口。

来自"惜食堂"的认知则更加"极端"一些：每3个老人中就有1个长期营养不良……

2011年年初，众利股票主席董伟的女儿董爱丽创办了"惜食堂"，在保证没有安全隐患的情况下，把这些剩饭剩菜做成热饭热食，免费提供给贫困老人。

开始时，每天20份饭，第二年，每天要准备2000份盒饭。少油、少盐、忌辛辣，厨师所搭配的每一个菜都尽量贴合老人的口味，甚至还要用温度计来测量、控制温度。

最初，"惜食堂"并不起眼，直到演员黄子华发现了它。黄子华主动加入"惜食堂"，担任义工，并制作纪录片向社会推广。在纪录片中，老人们所展现的真实故事催人泪下：

"65岁退休的罗伯，找了一份刷马桶的工作，早上4点出门，晚上7点下班，一刷就是13个小时，只为一日三餐能饱肚。

"80岁的赵婆婆，早上6点就要出门捡纸皮，一干就是14个小时。每天都不敢休息，不然手停口停，生活就没有着落。

"月婵婆婆腿脚关节不好，每日行9层楼吃饭，再行9层楼回家，到底有多难，大家自己可以想象一下。有钱出钱，有力出力，多多益善，少少无拘，小小的一个饭盒，可以让像月婵婆婆这样的独居老人在这条楼梯里感受到有人关心。"

第三章　不知老之将至灰犀牛的冲撞

"惜食堂"成立后广受香港社会关注，图为2014年3月25日，明星张学友在"惜食堂"

　　在黄子华的影响下，越来越多的明星加入进来。张学友义务担当"惜食堂"的爱心大使，张智霖拍摄"爱包行动"宣传片，谢霆锋把"惜食堂"带进了自己的节目——从食材准备、烹饪到照顾老人进餐，用温情传递能量。

　　2018年的一天，已经90岁的李嘉诚在自己宣布退休的年份，也到"惜食堂"吃了一顿饭，并留下1000万元的捐赠。

　　如今，"惜食堂"每天生产出8000份热饭餐和食物包，相当于对近5吨仍可使用的剩食进行了再利用。义工们还定期为老人们办季度生日会或节庆活动、兴趣班，一些在"惜食堂"用餐的婆婆也会来帮忙摘菜洗菜，助人助己。

　　一座摩登城市，一个钢筋水泥的丛林，因为一个食堂而有了温度。

强积金法案

香港特区的老龄化速度迅猛异常。

一方面,香港居民的人均寿命位居世界前列,老人越来越多,2016年男性平均寿命为81.3岁,女性87.3岁,预计到2066年,将分别达到87.1岁和93.1岁。

另一方面,是新生婴儿比例持续下降,人口替代率一直低迷,老龄化问题益发紧迫。

2016年,香港居民65岁以上人口比例是17%,预测到2066年,将达到37%。据香港特区强制性公积金计划管理局的数据,2016年,每名退休人士由4.33名在职工作的成人供养,到2066年,每1.48名在职员工就要供养一位老人。

压力如影随形。

回归前,港英政府的财政政策有几个传统,比如积极不干预(positive non-interventionism)、渐进主义(incrementalism)、社会政策的补缺(residual,又译"剩余福利政策")等,尽量减少社会服务领域里的经常性开支,财政盈余多以"派糖"的方式,每年零散地分给不同阶层,把公共开支限制在GDP的20%之内。

这种总量限制的政策思维,与老龄化的社会实际趋势发生了冲突。

早在1991年,香港地区65岁以上老人占比就已经超过了11%,远超国际上7%的老龄化标准。这一年的7月10日,在当时的香港立法局会议上,提出设立强制性退休计划的动议:"立即采取措施,重新研究设立中央公积金或其他强制实行的退休计划,使本港工人获得全面的退休保障。"

29票反对票对11票赞成票,这个动议被否决了。

港英政府随后组建了退休保障工作小组,在1992年10月发布了题为"全港推行的退休保障制度"的咨询文,建议为所有65岁以下的全职雇员推行强制性供款的私营退休计划。

因为各方反对,1994年底,该项建议被撤回了。

不过,1994年出现了两个变数。一是在老年退休金计划咨询中,公众反馈信息显示,香港社会较广泛地支持强制性的私营计划;二是世界银行发布了一个报告——《扭转老年危机:保障老人及促进增长的政策》,提出退休保障的三支柱方案:1. 由政府管理,用税收资助的社会安全网;2. 由私人托管的强制性供款计划;3. 个人资源型储蓄和保险。

港英政府认为:第一支柱方面,香港在1993年已设有综合社会保障援助计划(简称"综援");第三支柱方面,香港居民的储蓄率偏高,可发挥保障功能;现在只需要补充第二支柱即可。

于是,1995年,强积金法案出台,并构成香港养老金体系的核心部分。

强积金的特点是强制——所有18~65岁的在职人士都必须参加,由雇主和雇员共同出资。

避免了额外的财政负担

2000年12月1日,香港特区强制性公积金计划管理局

（简称"积金局"）第一任主席李业广宣布强积金制度当日正式实施。也是在这一年，中国内地开始进入老龄化社会。如今，强积金制度已推行20年。

在某种程度上，强积金是一种为了应对养老的强制性储蓄。对雇员而言，5%的缴费比率较低，加上免税等优惠政策（月薪低于7100港元的雇员无须缴纳，缴纳上限金额为1500港元），激励了雇员参与的积极性。对雇主而言，较低的缴费比例减轻了企业负担，又避免了用工矛盾纠纷，也乐观其成。

从外部视角看，除了强制性，强积金制度还有两点值得注意：

一是完全积累模式。在政策议定之前，是采用现收现支还是完全积累，香港内部曾有争论，最终决定是：雇主和雇员缴纳的强积金全数进入个人账户，而非现收现支。由此，他们不用负担上一代人或其他人的退休金，香港也得以在没有造成特区政府额外的财政负担的情况下，建立了全面性的养老制度。

二是基金市场化的投资运作。强积金全程由特设的积金局监管，但对参与者完全放开投资决策权，资产由在香港证监会注册的投资经理进行完全市场化的管理，积金局不介入投资运作。

这一点与内地的企业年金不同。

2020年11月6日更新的数据显示，强积金有409个核准成分基金产品可供选择，具体分类如下表：

核准成分基金	409
按基金种类划分	
- 混合资产基金	176
- 股票基金	144
- 债券基金	36
- 货币市场基金 - 强积金保守基金	27
- 保证基金	18
- 货币市场基金 - 不包括强积金保守基金	8

不过，面对如此多元化的产品，香港居民最初并没有做好准备。即便是在金融中心，大部分香港工作人口也并不具备投资的基本知识，尤其是学历水平较低的居民，当面对几百个产品选择时，很容易不知所措。

于是，香港强积金计划出现了和美国401k计划早期一样的情况，很多人干脆就不去做任何选择，大批账户没有进行任何投资，只是按照银行利息进行结算。但是，香港各大银行的利息很低，所以这些懒于投资的退休账户不仅没有投资收入，甚至反而因为账户的手续费用亏本。（请参考本书第三章《年收入50万美元的纽约家庭为何哭穷？——美国人比中国人更爱存钱》）

2017年4月，香港特区政府开始借鉴海外经验，采取"预设投资"模式，为不懂投资的雇员提供现成的投资方案（我们可以理解为"懒人投资产品模式"），试图扭转这一局面。

尽管网络上存在有关强积金的争议之声，但积金局认为，对于大众为退休生活储蓄而言，强积金有其独特的价值。在积金局官网上，将"自行投资"和"通过强积金进行投资"进行了对比：

自行投资	通过强积金进行投资
对投资认识不深。	由专业人士管理。
虽然方法众多,比如存银行、买债券、股票、黄金、物业等,但各种方法都有相关风险,令普罗大众对投资却步。	强积金基金由专业的基金经理团队管理,如你自行投资,则未必能负担聘请基金经理助你管理投资。
资金有限,难以分散投资。	汇集资金,加强分散投资及增加成本效益。
大部分人每个月只有少量余款可做储蓄,不足以投资于不同类型的资产,因而无法建立一个分散的投资组合。	法例规定,强积金基金符合分散投资的最低标准。强积金基金中表现较佳的资产,能抵消其他表现稍逊的资产所带来的损失,从而降低投资风险。
投资市场有涨有跌,若把太多资金集中于某一类投资,会增加投资风险。	通过汇集众多计划成员的小额供款,强积金基金持有的资产组合规模,将远高于个人所能购买的资产规模。这样可使所有参与者享有更多投资选择,并可增加分散投资的潜力,降低投资风险。此外,资金的投资将更具成本效益。

基本覆盖了正在工作的香港居民

在实施强积金制度之前,香港只有约 1/3 的工作人口享有退休保障,除了富裕阶层,便以享有"铁饭碗"的公务员队伍为主。

2019 年 12 月,香港强积金供款账户总数为 424 万个,个人账户总数为 583 万个。强积金制度基本覆盖了正在工作的香港居民。

账户类别	数目(万个)
供款账户	424
个人账户	583
可扣税自愿性供款账户	2
总计	1009

强积金账户总数(2019 年 12 月)

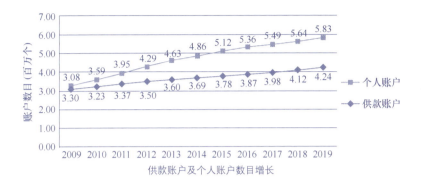

供款账户及个人账户数目增长

强积金计划的净资产增长也越来越快，2020年8月的数据显示：2020年，强积金制度推行的第20周年，强积金的总资产已经由不足6000万港元，升至超过1万亿港元。这其中，约3200亿港元为扣除收费后的净投资回报，而扣除收费和开支后的年化回报率为4.2%，高于同期1.8%的通胀率。

2018年2月8日，强积金计划还推出基金表现平台，以便为投资者提供参考。

当把同属于"第二支柱"的香港强积金和2018年的内地企业年金进行对比，会发现如下区别：

	香港强积金	内地企业年金
是否强制	强制，覆盖广泛	自愿，参与比例低
投资产品选择	雇主选择强积金计划，雇员选择成分基金产品	职工没有选择权
税收政策	EEE模式，缴费、投资收益、待遇领取都有税收优惠	EET模式，缴费和投资收益阶段给予免税待遇，领取时征税
运营方式	信托	信托，较不完善
权益转移	跳槽时自由转移	限制条件多
监管	专门的积金局	尚未有综合监管体系

虽然香港特区与内地在经济、法制体系上都有所不同，但其独特的强积金制度仍然对内地有关政策的制定有很大的启发。最新的数据显示，内地的企业（职业）年金体系近年也取得不小的进步，截至 2020 年年底，参加企业年金体系的人数已超过 2700 万人。

第四章

如何在退休时拿到 1000 万？

我们离幸福晚年还差多少钱?

预测养老缺口是比较个人化的事情。我们分三步走。

如果你现在每月收入只有1.8元,你会怎么办?两位来自《四川日报》的记者给我们讲了一个真实的故事。

1989年,成都人董维亮在街道工作人员的劝说下,买了一家保险公司的养老保险,耗资100元。他开一家自行车租赁和修车行,这笔钱相当于他两个月的收入。如今,董维亮60岁,去领退休金时才得知,他每个月可以领1.8元。

"投保时每月1.8元还可以买30多个锅盔,现在一个都买不到。"

记者带着董维亮前去保险公司,一查,没毛病。董维亮投的是商业型储蓄养老保险,险种系数0.01799。"参保金额×系数就是每月应该领取的保险金,100元×0.01799=1.799元,"保险公司解释,"实际上我们每月还多支付了1厘钱。"

保险公司没有骗人,董维亮是吃了通货膨胀的亏。1.8元当然是不够的,那么,到底要多少钱才能有一个幸福的晚年呢?

这个问题很难回答。

首先,很难定义何为"幸福晚年"。每个人的家庭背景、生活地域、日常习惯都不同,而且,我们也不知道等到了我们年老时,社会整体消费观是否会发生根本性的变化。

其次,缺乏参照系。如今,商业机构的注意力还集中在年轻人身上,从目前的公开资料看,关于老年人消费图景的完整描述还很少。

如此之多的因素纠缠在一起,完成精准的消费预测就几乎成为一件不可能的事情。

我们能做的,是描述出一个简略、基本的脉络:上世纪五六十年代出生的老人,是"新老人"一代,与上一代的老人相比,拥有更多的财富和更开放的心态,注重生活的质量、探寻生命的意义,对旅游、社交、娱乐保有热情。与此相关,老年人经常出入的场所不再仅是医院和养老院,他们也成为美容院、咖啡馆、电影院、时尚餐厅、健身会所的常客。因此,在考虑到未来老年生活的消费时,不应当仅仅考虑日常生活、医疗上的消费,还要考虑到更多元的消费项目。

而这些都只多不少。所以,预测养老缺口是比较个人化的事情,不可能有公式化、普适性的答案,我们只能试着以最粗线条进行分析,先分三步走:

第一步,算一算养老支出。

首先,我们可以先简单地使用养老金替代率来计算。养老金替代率是国际上常用来衡量一个人或某个地区退休生活质量的参数。其具体数值按照需要可使用不同的计算方式：个人计算时，可使用个人退休金和在职工资之比；企业计算时，可使用企业退休人员平均养老金和平均工资之比；其余诸如行业养老金替代率、地区养老金替代率等数据的计算，可以此类推。

我们虚拟一个主人公小明，现在35岁，计划在65岁退休。假设小明属于生活在上海的高收入群体，不考虑房贷等因素，现在每月税后薪资2万元。

那么，按照国际惯例，想保持现有的生活水平，养老金替代率要达到80%，退休后大概每月需要$20000 \times 80\% = 16000$元。（此处我们先做最简单的假设：小明不涨薪。）

但是，在实际生活中，还要考虑通货膨胀的因素。按照延迟退休计划，即65岁退休计算，35岁的小明距离退休还需要30年，如此之长的时间，通货膨胀的叠加效果会很明显。我国2018年的CPI大约为2%，以此作为通胀率的话，到退休时需要每月$16000 \times (1+2\%)^{30} = 28982$元的收入才能达到预期。如果小明预计寿命为90岁，那么小明退休后总计需要：$28982 \times 12 \times 25 = 869.46$万元。2019年我国CPI上升为2.9%，如按这一数字计算，退休时月收入需要达到43517元才能达到预期，退休后养老支出总计需要超过1300万元。

这就是最简单计算下的养老支出需求。

第二步，算一算养老金缺口。

养老支出需求与养老金收入的差值就是资金缺口。

在我国，对于一般职工来说，基本养老金包括基础养老金和个人账户养老金。

基础养老金＝（退休前1年在岗职工月均工资＋指数化月平均缴费工资[1]）÷2×工作年限×1%。

假设小明25岁参加工作，总计工作40年；退休前1年在当地岗位职工月均工资7100元（此处设定平均工资不变），小明的指数化月平均缴费工资20000元（前面我们已经假设小明工资不变），则小明的基础养老金为（7100＋20000）÷2×40×1%＝5420元。

个人账户养老金＝五险一金缴纳基数×养老金缴纳比例×12×工作年限÷计发月数[2]。

对于小明来说，个人账户养老金＝20000×8%×12×40÷101＝7603元。

所以小明退休后每月的养老金缺口为：28982－5420－7603＝15959元，忽略通胀，25年缺口总计达到：15959×12×25＝478.8万元。

第三步，算一算如何补足缺口。

所以，现在，我们可以将问题转化为：

第一，小明是否有能力在65岁之前存够478.8万元？

第二，他应该投资多少钱才能满足这个要求？

这里先不详细回答，只说下结论：养老，并不像我们之前想象的那么简单。

名词注释：

[1]指数化月平均缴费工资是中国现行城镇职工养老保险制

度的重要概念，反映了参保人员在缴费年限内缴费工资的平均水平。以上海为例，根据沪府发〔2017〕70号文件，其计算方法为：

本人指数化月平均缴费工资＝退休前1年上海市职工月平均工资×本人平均月缴费工资指数。本人平均月缴费工资指数＝$(Z_1+Z_2+\cdots+Z_{m-1}+Z_m+1\times n)\div N$。$Z_1$、$Z_2$……$Z_{m-1}$、$Z_m$为参保人员的月缴费工资指数。月缴费工资指数按照退休前1月、2月……m－1月、m月本人月缴费工资基数除以对应的本市上年度全市职工月平均工资计算。n为参保人员视同缴费年限的月数。N为参保人员累计缴费年限的月数。

［2］计发月数，即待遇发放期间的计划发放月数。缴费年限越长，计发月数越少，能够领取的养老金就越多。我国退休年龄与计发月数表如下：

退休年龄（岁）	计发月数
40	233
41	230
42	226
43	223
44	220
45	216
46	212
47	208
48	204
49	199
50	195
51	190
52	185

续表

退休年龄（岁）	计发月数
53	180
54	175
55	174
56	164
57	158
58	152
59	145
60	139
61	132
62	125
63	117
64	109
65	101
66	93
67	84
68	75
69	65
70	56

北上广深青年,"养老投资"怎么办?

养老投资越早越好,一般来说,30 岁以后开始考虑这个问题较为合适。

"能用钱解决的问题都不是问题。"那么,如果缺钱呢?

前面我们说,中国的年青一代并不缺乏养老意识,只是,对年轻人,尤其北上广深一线城市的年轻人,要花钱的地方实在太多了,养老问题还没有来得及"提上日程"。

但是,问题终要面对,我们不能当鸵鸟。怎么办呢?

没有闲钱,该怎么为自己做养老规划?

"每个月的钱都不知道花到哪儿去了,还个房贷,给孩子交个补课费,基本就没了。"一线城市的高房租、高生活成本,挤压了年轻人的储蓄空间。

月光族,是一个长期词。

"年轻人嘛,就该潇洒一点,旅游、健身、考证,知识付费,钱应该多花在这些地方,而不是存起来。"这是日常中很常见的话。

对于这种情况，最基本的养老投资就是：踏踏实实交社保。

笔者强调这一点，是因为有不少年轻人并不是心甘情愿地交社保，尤其对于基本养老险，不少人心里都另有一笔账。

的确，我国社保体系目前并不完善，但是笔者的建议是，即便看起来吃亏，这个"亏"一定要吃。尤其对于没有闲钱或者不愿意买商业养老险的朋友，社保可能会是你退休以后唯一的收入来源，也就是所谓的"救命钱"。

究竟是怎么个"救命"法儿？从养老金领取的算法里一看便知。

退休后，我们每月的社保养老金收入由两部分组成：基本领取额＋个人账户领取额。

基本领取额，主要为了体现社会公平原则，会有一个"劫富济贫"的设定。基本领取额依据当地职工的平均月薪水平来计算，缴费年限越长，个人月工资水平超过平均水平越高，基本领取额越高。

个人账户领取额，来源于每个月从工资里扣除的8%，每个月累积下来，最终按规定计算发放月数，平均分摊每个月的领取额。

为了方便理解，暂且用指数化的工资计算方法粗略计算社保养老金领取额。

假设，2018年，在上海工作的小明同学，25岁找到正式工作并开始缴社保，预计缴40年，直到65岁退休为止（按规定，65岁退休，养老金计发月数为101）。小明的起始工资是6000元，上海平均工资为7132元（2018年上海市政府公布的数据），退休时，小明每月能领到多少养老金？

如果小明和上海职工的工资水平不发生变动的话，在养老金计算公式中，"本人指数化月平均缴费工资"为固定的6000元，由此，小明未来的养老金收入为：

基本领取额=（退休前1年上海职工平均月薪+小明本人指数化月平均缴费工资）÷2×1%×缴费年限=（7132+6000）÷2×1%×40=2626.4（元）

个人领取额=五险一金缴纳基数×养老金缴纳比例×12×工作年限÷计发月数=6000×8%×12×40÷101=2281.2（元）

每月养老金领取额=基本领取额+个人领取额=2626.4+2281.2=4907.6（元）

也就是说，如果工资不变，那么小明退休后每个月能领到4907.6元养老金。

当然，绝大多数人的工资每年都会上涨一些，并且各地职工的平均工资，也会随着每年的通货膨胀率而进行相应调整。从这个角度看，上文中的计算只能大概估算一下相应的购买力，即小明未来退休后，每月领到的养老金大概相当于现在的4907.6元。

明白了上面的计算方法后，我们还可以加入工资变动因素和通货膨胀因素，进行更为详细的计算。

小明还是25岁开始交社保，65岁退休，起薪6000元，上海平均工资最初仍是7132元。为了更真实地模拟现实情况，假设小明的工资增长率是不断变化的：在刚参加工作的十年,他成长快,跳槽多,因此工资增长较快,增长率为每年 10%(依据中国经济高速发展时期平均工资增长率假设)。之后的 20 年,小明工作渐渐稳定,工资稳步增长,增长率为 5%(依据其他新兴市场国家平均工资增长率假设)。退休前 10 年,小明的加薪空间已经不是很大,因此工资收入增长比较缓慢,增长率为 3%(依据欧洲发达国家平均工资增长率假设)。与此同时,每年上海市的平均工资水平也会逐渐增加,在此折中选用 5% 的工资增长水平进行计算。养老金领取额计算过程如下(计算数据见下页表格):

养老金领取额计算表

缴费年限	该年月薪(A)	该年当地职工平均月薪(B)	该年工资指数(A/B)	个人账户月增加额(8%A)	个人账户年增加额(8%A×12)
1	6,000	7,132	0.84	480	5,760
2	6,600	7,489	0.88	528	6,336
3	7,260	7,863	0.92	581	6,970
4	7,986	8,256	0.97	639	7,667
5	8,785	8,669	1.01	703	8,433
6	9,663	9,102	1.06	773	9,277
7	10,629	9,558	1.11	850	10,204
8	11,692	10,035	1.17	935	11,225
9	12,862	10,537	1.22	1,029	12,347
10	14,148	11,064	1.28	1,132	13,582
11	14,855	11,617	1.28	1,188	14,261
12	15,598	12,198	1.28	1,248	14,974
13	16,378	12,808	1.28	1,310	15,723
14	17,197	13,448	1.28	1,376	16,509
15	18,056	14,121	1.28	1,445	17,334
16	18,959	14,827	1.28	1,517	18,201
17	19,907	15,568	1.28	1,593	19,111

续表

缴费年限	该年月薪（A）	该年当地职工平均月薪（B）	该年工资指数（A/B）	个人账户月增加额（8%A）	个人账户年增加额（8%A×12）
18	20,903	16,347	1.28	1,672	20,066
19	21,948	17,164	1.28	1,756	21,070
20	23,045	18,022	1.28	1,844	22,123
21	24,197	18,923	1.28	1,936	23,229
22	25,407	19,869	1.28	2,033	24,391
23	26,678	20,863	1.28	2,134	25,610
24	28,011	21,906	1.28	2,241	26,891
25	29,412	23,001	1.28	2,353	28,236
26	30,883	24,151	1.28	2,471	29,647
27	32,427	25,359	1.28	2,594	31,130
28	34,048	26,627	1.28	2,724	32,686
29	35,750	27,958	1.28	2,860	34,320
30	37,538	29,356	1.28	3,003	36,037
31	38,664	30,824	1.25	3,093	37,118
32	39,824	32,365	1.23	3,186	38,231
33	41,019	33,984	1.21	3,282	39,378
34	42,249	35,683	1.18	3,380	40,559
35	43,517	37,467	1.16	3,481	41,776
36	44,822	39,340	1.14	3,586	43,029
37	46,167	41,307	1.12	3,693	44,320
38	47,552	43,373	1.10	3,804	45,650
39	48,979	45,541	1.08	3,918	47,019
40	50,448	47,818	1.05	4,036	48,430
工资指数平均值（D）			1.19		
退休前，该市当地职工平均月薪（E）			47,818		
退休后，基金养老金领取额（F）			20,935		
个人账户总积累额					988,860
65岁退休，个人账户规定计发月数					101
退休后，个人账户养老金领取额（G）					9,791
退休后，养老金月领取额＝F＋G＝20935＋9791＝					30,726

本表格为小明退休金模拟数据，数据（尤其是"该年工资指数"一栏）省略了小数点后面部分

此时，个人领取额＝个人账户总积累额÷规定计发月数＝988860÷101＝9791元。

复杂起来的是基本养老金领取额的计算。计算公式还是和前面一样：

基本养老金领取额＝（退休前1年上海职工平均月薪＋小明本人指数化月平均缴费工资）÷2×1%×缴费年限。在这个公式中，因为工资出现变动，"本人指数化月平均缴费工资"需要单独计算。

根据沪府发〔2017〕70号文件，本人指数化月平均缴费工资＝退休前1年上海市职工月平均工资×本人平均月缴费工资指数；本人平均月缴费工资指数＝（Z_1＋Z_2＋...＋Z_{m-1}＋Z_m＋1×n）÷N。

Z_1、Z_2...Z_{m-1}、Z_m为参保人员的月缴费工资指数。月缴费工资指数按照退休前1月、2月……m-1月、m月本人月缴费工资基数除以对应的本市上年度全市职工月平均工资来计算。n为参保人员视同缴费年限的月数。N为参保人员累计缴费年限的月数。

小明"视同缴费年限的月数"为0。在上表中，缴费时间按照整年计算，因此，小明本人平均月缴费工资指数为1.19。于是我们可以计算：

小明基本养老金及领取额＝（退休前1年上海职工平均月薪＋小明本人指数化月平均缴费工资）÷2×1%×缴费年限＝（47818＋47818×1.19）÷2×1%×40＝20944元。

每月养老金领取额＝20944＋9791＝30735元

小明40年后退休,预计当时上海职工平均月薪4.7万元,小明每月养老金收入3万元,事实上这已经是比较乐观的估计了。因为在这个计算过程中,小明每月按照工资标准足额缴费,并且在缴满25年的基础上,多缴了15年。

按照上文的计算方法,如果小明没有按照工资标准缴足社保,而是按照最低标准缴费,缴满40年的话,小明的养老金收入会是多少呢?

我们知道,社会保险缴费基数有一个缴费下限,从本例看,小明的社保缴费基数最低不能低于上年度上海市职工月平均工资的60%。因此,工资指数平均值改为0.6。

所以,基本领取额=(47818+0.6×47818)÷2×1%×40=15302元

个人账户领取额=496226÷101=4913(元)

每月养老金收入=基本领取额+个人账户领取额=15302+4913=20215元。

如果小明按照工资标准缴足社保,但只缴满25年(获得退休后医保终身待遇)就立刻断缴社保的话:

基本领取额=(47818+1.19×47818)÷2×1%×25=13090元

个人账户领取额=399529÷101=3956(元)

每月养老金收入=基本领取额+个人账户领取额=13090+3956=17046元。

如果小明既不按工资标准缴足社保,又在缴了25年后断缴的话:

基本领取额=(47818+0.6×47818)÷2×1%×25=9563元

个人账户领取额＝399529÷101＝1941元

每月养老金收入＝基本领取额＋个人账户领取额＝9563＋1941＝11504元。

从上面的例子就能看出，即使是同一个人，是否按工资标准缴、是否缴满时间，退休后的待遇相差很大，分别是：30735元、20215元、17046元、11504元。

对于没有闲钱的年轻人来说，缴社保就是这个阶段最好的养老规划，以此确保晚年生活在生存底线之上。

当然，变数是存在的。其中之一便是人口结构。

没有闲钱，只有社保，担心老了不够花？

只有社保，没有闲钱，这种情况下，可以考虑参加企业年金。企业年金建立后，企业和个人每个月都要按比例往年金账户里交钱。个人缴费的这部分，退休后全部归属于自己；企业缴费的部分，最后会按照该计划的归属规定，逐渐转到个人账户里。在该公司工作时间越长，归属到自己账户的钱越多。

如果说社保是一种国家福利，是国家要求公民攒的养老金，那企业年金就是一种企业福利，是企业和员工一起攒的养老金。

人社部数据显示，截至2017年年底，全国仅8.04万户企业建立了企业年金，参加职工为2331万人，参与公司多为国有大型企业。到2020年年底，参加企业（职业）年金的职工已超过2700万人。

也不是所有的企业年金都划算，具体要看每个公司关于缴费比例、归属原则、账户管理费的规定。放在企业年金里的钱，虽然会有一定的投资收益，但收益率不会很高，有时把这些钱另投别处，可能收益会更好。

不差钱，需要系统的养老规划？

北上广的年轻人中也有不少月入2万以上、"五险二金"（包括企业年金）齐全的人生赢家。这个时候，我们要注意一个本书反复提及的概念：养老金替代率。

关于替代率，各方数据不同。据人社部专家咨询委员会专家、中央财经大学社保系主任褚福灵测算，早在2011年时，我国企业养老金替代率为42.9%，低于国际警戒线。（同年，中国社科院世界社保研究中心发布的数据是50.3%。）

如果按这个数据，退休前你能拿到每月1万元，退休后，只靠养老金的话，只有每月4000多元。你是否愿意退休以后生活品质打四折呢？

所以，要想生活无忧，养老投资规划很重要。

可选择的资产配置方向很多，比如基金、银行理财、股票、债券、信托等，都是增加个人财富的有效途径，千万不要被"养老"二字缚住手脚。

但是，需要重点关注国家政策。应对老龄化这头灰犀牛，是整个国家的事情，正如前文所说，事关一国之命运，所以，政策上会出台各种支持方案。顺势而为方为大道，及时消化，领取国家发放的政策"红包"。

比如，一个无须怀疑的政策大方向就是重点扶植养老"第三支柱"。这一类金融产品未来的发展空间很大。第三支柱中的重点新产品——"养老目标基金""税延养老险"都值得持续跟踪。

比如养老目标基金，参考的是美国的 IRA 计划（美国分为以税前收入投入、享受税收递延的传统 IRA 计划和以税后收入投入、投资和支取免税的罗斯 IRA 计划），与国家税延、减税政策息息相关，将会是一款非常具有竞争力的养老投资产品。

养老目标基金与其他投资产品不同的一点，是充分体现了时间与复利的力量。

来自华夏基金的数据显示，采取"初始单次投入＋每月定投"的方式，如果初始投入 10 万元，每月定投 2000 元，假如对应 5% 的年化收益率，那么 22 年后，将获得本金加收益共计 1235643 元。

如果初始投入 20 万元，每月定投 3000 元，假如对应 9% 的年化收益率，则 22 年后，将获得本金加收益共计 3684075 元。

如果我们把初始投入和定投金额再提高，初始投入 30 万元，每月定投 3500 元，假如对应 13% 的年化收益率，则 22 年后将获得本金加收益共计 9099439 元。

这就是养老投资的力量，因为它与时间为伴。

很显然，养老投资越早越好。一般来说，30 岁以后开始考虑这个问题较为合适。

当然，对年轻人来说，个人成长仍是关键。

所以，加强知识框架构建、培养爱好与技能、保持身心健康，这些也是重要的养老投资——没有自己，如何养老？没有健康的身体、从容的心境、丰沛的情感和完整的知识框架，一个人的晚年，很难过得好。

"105% 姐"与"50 元哥"何来?

现在的 90 后、00 后,或许是当今世界"口是心非"的一代人。

105% 姐的奇葩故事

中国香港 90 后女生梁美怡,有个响亮的外号:"105% 姐",这个外号来自她惊人的储蓄率。

"可能对于我的朋友来说,收入中的 2~3 成用来储蓄是比较常见的,8 成的比例已经很高了。那我自己就更厉害了,

谈起 105% 储蓄率时,梁美怡十分得意。TVB 2017 年《有楼万事足》节目截图

我的个人储蓄率是105%。"

105%的储蓄率意味着什么？除了每月100%工资收入全部存起来之外，每个月还有5%的额外资金被她存进了户头，滴水不漏。可是，如果把钱全部存起来，那梁小姐必要的生活开支怎么办？

"善用我身边的资源，第一样最能利用是爸爸妈妈。"原来，105%姐的日常开支全部投靠家里，却并不把工资补贴家用。遭到爸妈反对后，她又转身投靠男朋友，吃饭、护肤品，都由男友出钱买单。如此这般，才能保证收入100%用来储蓄。

"除此之外，我每天中午吃饭的时候还会看股市，经常也有不少投资收入，另外5%的储蓄就从投资里来。"

这个存钱案例，来自香港无线电视（TVB）2017年的一档系列节目《有楼万事足》。梁小姐如此拼命，目的只有一个——买房。2017年，月收入1万出头的她，在105%计划坚持了三年以后，终于在2017年如愿以偿，以40万首付买下了一个300平方尺（33平方米）的蜗居小屋。

据香港差饷物业估价署、中国指数研究院的研究数据，2017年6月，香港100平方米以下的住宅均价是15万～19万港币/平方米，按当时汇率计算，折合人民币13万～17万元/平方米。[中国指数研究院《城市房价解读——香港篇（2017年上半年）》]

"房价现在升了50万港币，之前看不起我的人，以你的薪水，一年也存不了50万。"

尽管如此,梁小姐的妈妈依然觉得她好高骛远。因为在付了首付以后,还有多年贷款要还,梁小姐的朋友也笑称她是"楼奴",把自己的大好青春、亲朋好友的人情换作了房子,得不偿失。大家都不太理解梁小姐痴迷存钱买房的疯狂行为。

"我做所有事情,都是为了妈妈以后能有更好的生活,老了有地方收租。"

可以理解的焦虑

"105%姐"从小生活在香港,这里是全球最长寿的地区之一,预计到2036年,香港市民中65岁以上高龄人口占比将高达31%。

她的焦虑从哪里来呢?

2018年3月,香港Now TV新闻台《经纬线》节目特别报道《穷一生》报道了这样一个案例:

77岁的邝婆婆在一家酒楼做杂工几十年,后来因为上了年纪,一次意外跌伤让她彻底失去了这份工作。邝婆婆的老伴因脑损伤无法工作,只能领政府的高龄津贴生活,可两人每月2700元的生活津贴在香港根本不够用。现在,她每天在一个垃圾站门口摆地摊,卖的是街坊不要的废旧杂物。

这种真实的故事对人很有触动。在人均寿命越来越长的今天,我们真的准备好应对了吗?尤其是,这种长寿是之前我们的社会知识谱系中并不存在的。

从整体来看,香港特区老年贫困的情况不容乐观。2018年11月19日,香港特区政府统计处发布《2017年香港贫穷情况报告》,2017年香港市民中65岁以上人口中,有34万贫困老人,占65岁以上人口的30.5%。在这34万贫困老人中,有86.6%不属于低保户支援范围,有41.4%的贫穷高龄老人还在租房、还房贷。

香港老年人的收入大体分三部分。政府负担的部分是生果金(高龄津贴)+综合援助(低保)。生果金发给70岁以上的高龄老人,每月1345港币(1182元人民币);综合援助能帮助到15%的高龄老人,最高每月能领5930港币(5212元人民币)。要保证老年的基本生活水平,绝大多数老人需要依靠投资强制公积金、个人储蓄。(数据来源:澎湃新闻《变老的方式》,文/姜楠)尽管一些人年轻时工作努力本分,但由于缺乏养老投资,年老失去工作后,靠政府高龄津贴和救济金仍不足以摆脱贫困。

现在,我们多少能够理解105%姐近乎偏执的存钱思路了。

口是心非的一代人?

如何看待当下和未来?年轻人该不该尽早做好长期理财规划、提前准备养老投资?对此,华夏基金公司2019年的微综艺节目《不辩不明》中有过详细的辩论,为我们提供了年轻人的真实视角。

在看了这场辩论会之后,我访问了一位29岁的上海女生小蔡。小蔡目前在海伦路附近的一家互联网公司工作,是一名程序员,月收入税后1.2万元,每月需要付房租2500元。除此之外,她很喜欢玩游戏,除了购买游戏设备,每月也会固定地在游戏里花点小钱。

"如果每月赚4800的话,游戏肯定是玩不成了,电费网费估计都够我心疼一阵的。房租最多只能接受1800,这个价格只能在地铁线终点站附近租个房,好多人共用一个卫生间的那种。剩下3000元,一日三餐每天只花50块,剩1500,再随便买点生活必需品,妥妥的月光族。生病或者遇到突发状况需要用钱,只能靠爸妈了。"

与此矛盾的是,小蔡同学理想中的晚年生活却已经安排得很精彩——每天起床遛狗、玩游戏、在厨房鼓捣各地美食取悦自己。除此以外,每年还要和老伴儿来一次潇洒的短途旅行。按40%的收入替代率计算,4800元要负担这样潇洒的生活还是有些困难,更何况65岁以后我们的医药费、营养品开支也不是一笔小数目,真要是遇到突发情况,怎么办呢?

"现在让我准备养老钱是不可能的。二十几的小姑娘,活得像七十几的老大爷,有什么意思?"我的一碗鸡汤,换来小蔡一句奚落。

毕竟,年轻人有年轻人的逻辑。2019年3月,星巴克推出一款猫爪咖啡杯,网友为购买这款杯子,连夜排队,甚至大打出手,而黄牛借机坐地起价,这个玻璃咖啡杯的价格一度达到1288元。2019年6月,优衣库和涂鸦艺术家Kaws共同推出合作款T恤,上线3秒就被哄抢一空,原本99元的衣服,转手799元也有人抢着要。

曾有朋友开玩笑说:现在的90后、00后,或许是当今世界最"口是心非"的一代人。他们手握保温杯,戏称自己"人到中年";但当和别人聊起婚恋话题、人生计划时,却又说"自己还是个宝宝"。

的确,养老这个话题对于二十几岁的年轻人来说,确实有些遥远。但如果我们把问题改一下,变成"年轻人到底要不要攒钱?"的时候,我们得到的答案却出奇地一致。

在知乎社区,3885个回答中,排名前40的回答中只有一人反对年轻人攒钱。他的原话是:"不应该。要是你们都把钱存起来了,我们挣谁的钱?"

做投资最忌讳死脑筋。我们应当认识到,养老投资的本质是一种面向未来的长期理财计划,特点是风险偏低,投资策略稳妥。产品多以中低风险的FOF养老目标基金、货币基金等为主。年轻人想要积累财富,办法有很多。增加收入、储蓄、投资都是达到目的的方式。

养老投资,不一定是为了给自己养老,它也可以是:为十年后的自己准备一笔旅游资金;为未来将要出生的孩子存个奶粉钱;为即将老去的爸妈准备一份退休大礼。当然,虽说养老投资产品相比绝大多数投资品风险偏低,但并非意味着没有风险。好在风险和收益是相匹配的,这也是养老投资产品比储蓄更"有滋味"的原因。

长期投资的另一个好处,是能通过"复利叠加效应",令收益以指数方式增值。

当我们和年轻人谈论养老投资,并不是让他们在二十多岁时,为自己 65 岁以后的生活做决定。而是让他们在二十多岁时,为自己 30 岁时要不要开始养老规划做决定。

这个决定,并不是人们所想象的那样遥远。

在自律之中找自由

多伦多大学心理学家基思·斯坦诺维奇在他的著作《机器人叛乱》中提出了一个这样的观点:人类的基因会追求它们自己的利益,而不是它们的载体即人的利益。人类最基本的欲望(吃、玩乐、繁衍等)是在进化过程中写入基因的,是一种基因利益。而基因利益有时会和载体利益相互冲突。比如,我们不希望自己因为吃太多而肥胖而折寿,不希望自己沉湎于娱乐而成为社会的失败者。因此,我们需要使用理性,通过一种自律的方式,引导自己获得"延迟的大满足"而非"眼下的小满足",我们需要实现时间轴上的利益最大化,通过自律,使载体利益摆脱本能欲望的束缚,得到更大意义上的自由。

中国香港还有一位网红存钱男——"50 元哥"。这位男生其貌不扬,为了以后过上好生活,他在大学期间就给自己定了一个目标:不管通胀有多高,自己每天最多花 50 港币,并存钱 10 年。

每天 50 港币,喝一杯星巴克就没了。为了实现自己的目标,"50 元哥"从不下饭馆,外出也是尽量步行。智能手机更新换代多年,他还是在用 2G 古董机。为了节约水费,他每天都去操场跑步，并且在学校的免费浴室里洗澡。工作后，他也保持着近乎恐怖的"低消费"习惯，把多余的收入全部攒起来，或是投资，或是存银行。虽然"50元哥"的方法有些极端，但最终却被证明十分有效——8年后，他一共攒了300万港币。

"你没有定力，跟着人家随波逐流，那你的计划就会轻易瓦解。"他说。

无论是"105%姐"，还是"50元哥"，他们在疯狂攒钱的过程中，一定也会失去一些享受生活的机会。从这个角度看，其实月光族也是一样，他们在出手阔绰的同时，也失去了一些让自己的资产增值的机会。那么，这两种生活方式其实就是一场"对赌"，赌的是当双方到65岁时，究竟哪一方失去的机会被证明代价更大。问题在于，作为一个"享乐派"，当赌局揭晓之时，65岁的我们当真输得起吗？

复利的力量有多大?
领取 1000 万元养老金的方法

当我们在考虑养老问题时,复利是我们最好的朋友。

想必许多人都听过一个故事:

国王对发明国际象棋的大臣很佩服,问他要什么报酬,大臣说:请在第 1 个棋盘格放 1 粒麦子,在第 2 个棋盘格放 2 粒麦子,在第 3 个棋盘格放 4 粒麦子,在第 4 个棋盘格放 8 粒麦子……后一格的数字是前一格的两倍,直到放完所有棋盘格(国际象棋共有 64 格)。

国王以为他只是想要一袋麦子而已,哈哈大笑。

当时的条件下无法准确计算,但估算结果令人吃惊:即使全世界的麦子也不够放完所有的棋盘格!

实际上,这个故事的内核就是复利思想。

按照大臣的要求,最后总计需要 18446744073709551615 粒麦子,按照小麦"千粒重"23~58 克,取低值 23 克估算,也有 4242.7 亿吨,而 2019 年全球小麦产量才 7.6 亿吨……

这毕竟只是一个虚构的小故事而已,真实性并不可靠。

但是，站在我们面前的巴菲特就是活生生的榜样了。

1957年，巴菲特在伯克希尔哈撒韦公司的资产只有30万美元，到2019年时，已经达到了900亿美元左右，年化收益率约20%。

所以，当我们在考虑养老问题时，复利是我们最好的朋友。使用复利进行养老规划，对于我们每个人来说都是一枚橄榄枝般的存在。

复利的计算方式非常简单：

$$F=P\times(1+i)^n$$

其中，F是将来的财富，P是初始财富，i是年化收益率，n是年数。

华夏基金做过一个简单的计算。假设投资者采取"初始单次投入（10万～30万元）+每月定投（2000～4000元）"的方式，对应1%、3%、5%、7%、9%、11%、13%共7档的年化收益率，当投资满22年后，最终投资所得收益具体见下表：

①初始投入	②每月定投	③最终投资所得 假设年化收益率						
		1%	3%	5%	7%	9%	11%	13%
10万	2000	712477	932516	1235643	1654451	2234096	3036919	4148691
	2500	859478	1117743	1471422	1957304	2626155	3547809	4818018
	3000	1006479	1302969	1707201	2260157	3018215	4058700	5487345
	3500	1153481	1488196	1942980	2563010	3410274	4569590	6156673
	4000	1300482	1673423	2178759	2865863	3802333	5080480	6826000
20万	2000	836948	1124127	1528169	2097492	2899956	4030276	5620074
	2500	983950	1309353	1763948	2400344	3292015	4541167	6289401
	3000	1130951	1494580	1999727	2703197	3684075	5052057	6958729
	3500	1277952	1679806	2235506	3006050	4076134	5562947	7628056
	4000	1424953	1865033	2471285	3308903	4468193	6073838	8297383
30万	2000	961420	1315737	1820695	2540532	3565816	5023634	7091457
	2500	1108421	1500964	2056474	2843385	3957876	5534524	7760785
	3000	1255422	1686190	2292253	3146237	4349935	6045414	8430112
	3500	1402424	1871417	2528032	3449090	4741994	6556305	9099439
	4000	1549425	2056643	2763811	3751943	5134053	7067195	**9768766**

此情况下，最终本利合计约1千万！

数据来源：华夏基金（单位：元）
注：假设每月初定投，累计投资22年。

初始资金 30 万元，每月定投 4000 元，假如年化收益率为 13%，22 年后，你将拥有近 1000 万元的资产。

但是想做到这一点，并不容易。

首先，开始复利投资时，收益是比较少的。10 万元本金，10% 的年化收益，一年下来也就 1 万元的收益。这种心态和文首的国王一样，第一个格子一粒麦子，第二个格子两粒，一点都不多嘛。再加上各种其他诱惑——比如股市，一个涨停板顶得上一年的收益，其实许多人在第一步时就可能失去耐心了。

其次，许多人不一定能够承受投资过程中的回撤。在上面的计算中，年化收益率做了一个理想化的假设。但是在实际操作的过程中，谁都无法保证一个稳定的年化收益——连银行存款都不行，每年的银行存款利率都会随货币政策上下浮动。无论投资还是理财，本质都是用风险换取对应的收益，它们都是有风险的，不存在没有风险的理财方式。不过，从我国资本市场以及海外市场的历史经验看，虽然市场短期会有波动，但长期的收益一般高于存款利率，并且能跑赢通胀。

最后，更多的人似乎坚持不了那么长时间。生活中总是会有各种意外，大额消费也好，意外事故也好，大病医疗也好，这种事情无法预料，但是到来的时候，总会迫使我们不得不提前退出理财计划，从而导致收益不那么理想。

这一点很现实，也很无奈，但并非无法解决——将养老储备与日常消费相剥离，并充分使用杠杆方式（如医疗险、意外险）对冲未知风险。

现在考虑这种问题绝非没有意义。当下，老龄化浪潮汹涌而至，如果不使用复利理财的方式跑赢通货膨胀、积累养老资产，从容的晚年生活很可能只是一种奢望。

第五章

养老目标基金
集结中的主力军

公募基金 20 年蓄势
担当养老金投资管理主力军

2018 年 9 月 13 日，中国第一只养老目标日期基金成立了。

起点：团结产生力量

1924 年，世界上第一只现代意义的基金——马萨诸塞投资信托基金在美国出现了，呈现了"独立托管、保障安全、严格监管、信息透明"的特征。

1998 年，国泰基金公司的开元基金、南方基金公司的金泰基金、华夏基金公司的兴华基金宣告成立，中国第一批真正意义上的公募基金诞生。

两者相隔了 74 年。

彼时，中国正面临 1997 年亚洲金融危机的严峻考验，索罗斯率各路投机者对东南亚各国资本市场发起攻击。泰国、菲律宾、马来西亚、印度尼西亚，然后蔓延至中国台湾地区、中国香港地区及韩国、日本……所到之处，各国各地区股市、汇市一片狼藉，金融体系濒临崩溃。

投资者资产大幅缩水，资本市场风声鹤唳。

当韩国政府同意国际货币基金组织提议的金融救助条件时，民众将之称为"第二个全国蒙耻日"。

这次金融危机给了中国强大的警示：中国迟早要成为投机者攻击的目标，将来如何抵挡？中国是否能培育出有实力抗衡国际资本的本土基金呢？

尚未开放的中国资本市场，需要培养规范的机构投资者，这是当时的迫切需求。

世界上最早的基金诞生于1772年，在荷兰的一位商人向小投资人发行权证，名叫Eendragt Maakt Magt，意思是"团结产生力量"，用以获得在中南美洲种植园的收益。可见，基金的本质，是将众多投资者分散的资金集合起来，由基金管理人管理，以组合投资的方式进行投资，利益共享、风险共担。

基金在各国的快速发展，核心原因在于管理人专业的组合投资能力超过了普通的投资者，同时，信息的透明和严格的监管保障了其安全运作。

1997年，国务院证券委员会颁布了《证券投资基金管理暂行办法》。一个起点出现了。在大资管行业中，公募基金率先与国际标准接轨。

1998年5月8日，华夏基金公司的第一只基金"兴华基金"在上海证券交易所挂牌交易，净值为1元的基金开盘价攀升到2.01元。封闭式基金上市首日的交易价格高于净值的100%以上，这在世界基金史上也属罕见。可见当时的中国投资者对基金的期待之高。

20周年，偏股型基金年化收益率平均16.5%

在开局的1998年，人们并无法清晰地预测到20年后的情景。在那个庄股盛行的年代，基金经理们所主张的"价值投资"理念，天然地与投机思维相左。公募基金规模很小，摆在眼前的更紧迫任务，是取得投资者的信任，以及促进社会客观而全面地认识公募基金产品的风险收益特征。

直到2018年，中国基金业协会发布数据，为20周年做了一个小结：

截至2017年底，公募基金行业累计分红1.71万亿元，其中，偏股型基金年化收益率平均为16.5%，债券型基金年化收益率平均为7.2%。前者超过同期上证综指的平均涨幅8.8%，后者，超出现行三年定期存款利率4.45%。（注：2020年5月三年期存款基本利率为2.75%）

同时，基金管理公司受托管理基本养老金、企业年金、社保基金等各类养老金1.5万亿元。社保基金2001～2016年实现年化收益率8.4%，2017年收益率在9%左右。

作为20年的总结，这个成绩很惊人。尤其是16.5%这个数字，对于绝大多数活跃在A股的投资者来说，心中恐怕是困惑的：为什么我们赚不到钱？

但是，数字总能说明一切。

据《上海证券交易所统计年鉴》（2018卷），2017年，个人持股总市值5.95万亿元，占沪市总市值21%，盈利3108亿元；机构投资者持股总市值4.53万亿元，占比16.13%，盈利

11156亿元。

虽然个人持股市值更大,但盈利仅及机构的1/3。2016年,机构亏损3171亿元,个人亏损7090亿元。个人亏损超过机构1倍多。

虽然在短期内,有时散户买进一只牛股也可能获得较高收益,甚至会超过基金,不过,在中长周期内却是亏多赢少。作为机构投资者的主力,经常挨骂的公募基金却总体上获得了丰厚的收益。

是的,市场给投资者的第一印象,总是交织着错觉。

为什么不少散户炒股在短期内容易赚钱,在中长期内又往往以亏损出场?因为,一城一地的得失并不能说明什么问题。在股市短期赚钱并不难,难的是长期生存下来。穿越牛熊循环生存下来的投资者,才是成功的投资者。然而,在这个信息大爆炸的时代,即便是最杰出的博物学家也无法轻松应对股市。面对沪深两市三四千家上市公司,甄别优劣,跟踪经营变化,在合适的时机以合适的价格买进,并进行动态调整,决定什么时候加仓、减仓或清仓,这不仅需要掌握证券投资专业知识,以及各行各业的专业知识,而且,还需要对上市公司进行调查研究,需要大量的时间和精力。

不是每个人都能做到持续、高效的投入。

何况,大多数人都无法战胜人性的弱点,因此,低位入市者少、高位入市者众。据中国证券登记结算有限公司的数据,截至2015年5月29日的一周,在上证综指处于4600高点附近时，新增基金开户数达 202.14 万户；而在一年前即 2014 年 5 月 30 日的一周，新增基金开户数仅有 9.18 万户，相差逾 20 倍。

有不少个人投资者希望自己能像彼得·林奇、巴菲特那样做股票投资，但残酷的现实却总是给人重击。在 2017 年蓝筹股大幅上涨的行情中，这些投资者有不少取得了较好收益。在 2018 年的熊市中，大多数人又把前一年的收益回吐殆尽，甚至总体遭遇较大亏损。

价值投资知易行难，让专业的人做专业的事，这是社会分工时代的至理。

根据银河证券做的统计，国内公募基金成立 20 年来，全行业累计为持有人盈利 2.23 万亿元，其中，位居第一的是华夏基金，盈利 2119.72 亿元；全行业共分红 2.06 万亿元，其中，位居第一的也是华夏基金，分红 1383.20 亿元。

如果这个力量用于养老投资

在创始阶段，中国公募基金面临的最大问题，是如何获得投资人的信任。22 年过去了，这种信任逐渐累积。现在，公募基金面临着新的使命。

在公募基金过往的运作中，基金定投最为接近养老投资的理念。

我们以"华夏回报混合 A"为例，来做一个分析。

华夏回报混合 A 成立于 2003 年 9 月 5 日。据同花顺基金定投计算器测算，如果投资者从 2003 年 10 月 18 日起，每个月定投 1000 元，那么截至 2018 年 11 月 23 日，一共定投了 182 次，累计投入本金 182000 元。如今，该投资者的总资产达 540686 元，累计收益 358686 元，累计收益率为 197.08%。

2003 年 10 月 22 日，上证综指处于 1400 点附近，至 2004 年 4 月曾升至 1700 点以上，2005 年 6 月 6 日最低至 998 点。虽然投资者开始定投之后，大盘上蹿下跳，惊心动魄，但在较为长期的过程中，投资者却能通过基金定投获取丰厚的收益。

基金定投又称为平均成本投资法，无需选择进场时机，只需预先设立每次投资的金额、时间和标的，然后根据计划按时投资，其间亦可随时申请暂停或赎回。基金定投的获利原则在于，利用平均成本法均摊成本，通过长期坚持定额扣款，利用复利的力量获益，关键在于持之以恒。这一点，恰与养老的诉求相匹配。

投资的一大难题是"择时"，不过，对于基金定投而言，最不需要考虑的恰恰就是"什么时候开始"这个问题。所以，这种方法很简便，特别适合需要每天上班的工薪族。

以华夏沪深 300ETF 联接（000051）为例，对该产品进行定投，每月 1000 元。如下图所示，假设具体定投时点有三个，分别为 A 在市场最低点买入，B 不幸在市场最高点买入，C 为随机时点：

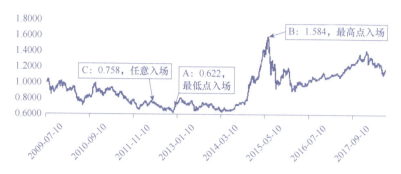

- A：追求市场最低点，在2012年12月3日抄底入场，此时产品净值0.622
- B：不幸在市场最高点，即2015年6月8日入场，此时产品净值1.584
- C：随机时点，假设在市场低点前即2012年6月1日随机入场，此时产品净值0.758

假设均在2017年7月31日赎回，对比不同入场时点所取得的收益如下图：

- A：精准把握市场最低点抄底入场，堪称完美，取得定投总收益率35.21%
- B：即使不幸在市场高点，目前刚进入微笑曲线的右脸，但也取得了10.53%的收益
- C：虽然在市场低点前入场，但由于早入场半年，享受了这一期间市场下跌带来的低位买入机会，因此定投总收益率最高

	定投时点	入场净值	赎回所得（元）	定投总收益（元）	定投总收益率
A（最低点抄底入场）	2012/12/3	0.622	75,715.52	19,715.52	35.21%
B（最高点接盘入场）	2015/6/8	1.584	28,736.81	2,736.81	10.53%
C（随机时点早入场）	2012/6/1	0.758	86,187.92	24,187.92	39.01%

所以，在最低点开始定投，收益不一定更高；最高点开始定投，多一点耐心，也能获得收益，画出微笑曲线。结论就是：对于定投来说，了解自身投资能力与目标，选中投资目标，最好的投资时点就是现在。

对于从年轻时就一直坚持理财的投资者而言，随着养老投资的推进，他们收获的还将包括穿越多轮牛熊周期之后所获得

的人生感悟和智慧：把资金托付给优秀的基金经理，需要具有对人和制度的判断力和信心；在经历牛市的大涨和熊市的暴跌时，账户上的资产随之大幅波动，需要具有战胜贪婪和恐惧的勇气。投资不仅可以带来财富的增长，也是对人性的磨炼。

22 年是一个铺垫

在我们看来，基金行业的 22 年发展，恰如一个反复锤炼的铺垫，目标指向一个社会责任——担当养老金投资管理主力军。

最早，中国人是养儿防老，后来，人们希望政府养老，如今，投资养老兴起了。这种社会理念的变化需要承载者。

截至 2020 年第三季度，我国已拥有 144 家公募基金管理人，基金产品超过 7644 只。这是一个非常好的基础。

从全球市场近三四十年的经验看，公募基金在养老金管理的中长期安全性、收益率等方面也都具有优势。

共同基金是许多美国家庭的主要金融资产，截至 2017 年中期，美国共有约 1 亿个人投资者、5620 万家庭持有共同基金。家庭持有共同基金投资金额的中位数为 12 万美元。

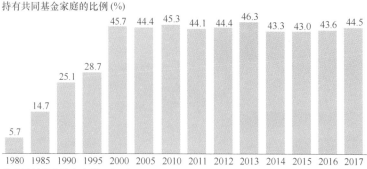

美国持有共同基金的家庭数量和比例
数据来源：美国投资公司协会（ICI）《2018美国基金业年鉴》

相比于低收入家庭，拥有更高年收入的家庭更可能持有共同基金。比如，2017年中，美国年收入大于5万美元的家庭中，有66%的家庭持有共同基金；而在年收入低于5万美元的家庭中，仅有16%的家庭持有共同基金。

根据2017年年中统计，92%的共同基金持有家庭表示，养老储蓄是他们的财务目标之一，75%表示养老储蓄是首要财务目标。截至2017年底，美国人通过缴费确定型计划（DC计划）和个人退休账户（IRA）持有股票、债券、混合型基金的资产总计为8.5万亿美元。

20年来，中国的公募基金公司已经用成绩证明了自己，但这一切都只是一个蓄势，随着中国发力养老"第三支柱"建设，公募基金公司有了一个新的社会责任：将专业能力发挥到极致，在养老投资上服务于民众福祉之增进，为千家万户的美好生活贡献力量。

关于养老目标基金，我们必须知道的 9 件事

2019 年年初，一位老友曾和笔者讨论起股市："这都 40 只目标养老金入市了，为啥股市还是不涨？"令人哭笑不得。很多人把"养老金入市"和"养老目标基金面世"混淆了，这就是一个典型的例子。

"养老目标基金面世"和"养老金入市"是两码事儿

"养老金入市"，是指把我们平时交的"五险一金"中存储在基本养老保险账户里面的钱，拿出来进行证券投资。养老金入市，一是可以保值增值——否则，我们老了以后，拿到的钱就会因为通货膨胀、物价变动而缩水；二是为 A 股市场引入长期稳定的资金，避免股市大起大落，善莫大焉。

而养老目标基金，也就是本文主角，则是公募基金的一种类型，是养老型投资理财产品。基于未来养老的财务目标，根据投资者的生命周期进行证券投资，自愿购买。

所以，"养老金入市"与"养老目标基金面世"根本就是两码事儿。

朋友所说的"40 只养老目标基金"，是指在 2018 年 8 月、

10月和2019年1月,三批获得证监会认可成立的40只养老目标基金。"养老目标基金"作为重磅产品,从2013年就开始研究,到2018年产品才最终问世,可谓"五年磨一剑"。

这个产品不同于其他金融产品之处,在于与国计民生相关,并且已被海外经验证实,是解决老龄化问题的一把钥匙。年轻人提前拿着这把钥匙,可以在年老之时,有更多的进退空间。

所以,虽然名字里有"养老"两个字,却和现在的老龄人无关。

它和年轻人有关。

养老目标基金

不知你是否听过阿拉丁与神灯的故事?请闭上眼睛,想象神灯中的精灵在你面前放了一个空空如也的宝箱。在你往宝箱里放入一笔钱后,神灯精灵把箱子埋在了一棵树下,他和你约定,在你退休的那一天,你可以回来挖出宝箱,到时候箱子里会有一笔不菲的财富。这笔钱有极大可能性比现在更多,但不确定具体数字是多少。不过精灵向你要求,每笔放进这个箱子里的钱,必须根据合同约定放满1至5年的封闭期,在锁定期满后才可以把钱从箱子里拿出来。

养老目标基金或许就是一个这样的"宝箱",基金经理就是神灯精灵。这类产品的特点是专注于长期投资,追求稳健收益,风险可控。

2018年8月获批的首发14只养老目标基金表现不错,银河证券基金研究中心数据显示,截至2020年5月15日,

2019年养老目标日期FOF和养老目标风险FOF收益率分别为17.68%和9.66%，同期上证综指下跌0.48%，养老目标基金相对大盘表现整体实现了明显的超额收益。

以首只成立的养老目标基金——华夏养老2040为例，2018年9月13日，华夏基金发行了中国第一只养老目标日期基金——华夏养老2040三年持有混合（FOF），首发募集规模2.12亿份，有效认购总户数3.76万户。截至2020年第三季度末，它成立以来的收益率已经达到36.06%。

根据《上海证券报》2020年11月1日的报道，截至2020年第三季度末，已有近百只养老FOF成立，规模超过400亿元。从业绩来看，截至2020年10月31日，养老FOF自2020年来平均回报率达17%，从总回报来看，共有9只产品自成立以来回报率超过40%。其中业绩表现最好的是华夏养老2045三年持有混合（FOF）A，成立以来收益率为49.69%。

"基金中的基金"，不等于"公鸡中的战斗机"

市场上，常有这样一句话：养老目标基金是"基金中的基金"。很多人一听这个，就容易想到一句小品台词："下蛋公鸡，公鸡中的战斗机"。

"基金中的基金"是一个基金术语，英文缩写为FOF，意思是投资标的主要是基金，是通过持有基金而间接持有股票和债券。

公募基金产品的投资标的多种多样，比如股票、债券、商业票据、大额银行可转让存单、基金产品等。而FOF是不可以直接投资股票或者债券的,只可以通过投资股基、债基、混合基来间接进入股票和债券市场。

FOF用于养老投资的优势明显:在全市场寻找和选择优秀的基金经理所管理的基金,相当于聚集了最优秀的投资人才为自己打理资金,进行股票和债券交易。通常情况下,FOF对于能进入投资范围的子基金都有系统的严格要求,包括基金运作时间、规模、历史业绩、基金经理稳定性等。与此同时,FOF分散风险的功能更强。股市、债市的风险经过股基、债基的组合投资之后,又经过FOF的第二次组合投资,其风险已被有效分散。

从设计上,FOF与养老投资最契合的一个点就是:稳。

目标日期 or 目标风险?其实不必纠结

所有考虑购买养老目标基金的投资者都会面临这个选择。网上一搜,有的说目标日期好,有的说目标风险棒,看起来似乎很难取舍。

目标风险或目标日期是养老目标基金的两种策略。目标日期,意思是该基金权益资产与非权益资产的比例,将按照距离退休日期的远近而发生动态变化,退休日期是风险变化的首要考量因素。在基金成立之初,权益类资产比重在一个区间内,离退休日越近,债券、货基的比重就越大,投资策略就越发保守稳妥。

目标日期基金可以很简单地通过基金的名字识别出来——在基金名中带有 2040/2035 这类未来年份字样,这个年份就是产品的目标日期,投资者可根据自己的退休日期选择年份接近的产品购买。

而目标风险类基金的权益资产和非权益资产配比,则是在该基金合同签订时就已经约定好的,并且不会随着持有时间变长而发生改变,对这类基金来说,投资者的风险偏好是首要考量的因素。一般来说,有三种风险偏好类型可以选择:稳健型(权益类资产约占 30%)、平衡型(权益类资产约占 50%)和激进型(权益类资产一般不小于 70%)。

养老目标基金封闭期 3 年?

大多数人并不了解基金产品的详细规则,而稍有了解的朋友,往往会对此提出类似这样的疑问:"基金封闭期不能超过 3 个月,这是法律规定的,为什么网上都说养老目标基金的封闭期是 3 年?这算不算违规?"

这里需要明确一个概念,2004 年实施的《证券投资基金运作管理办法》对封闭期的规定,是指对开放式基金在募集期、验资期结束以后,封闭建仓操作时期的时间限制,这个期间,投资者既不可以买入,也不可以卖出。除了开放式基金外,现在也是有封闭式基金的,封闭时间一般是 1 年、3 年、5 年不等,甚至更长,此外还有定期开放的运作模式,就是固定封闭运作一段时间后,又开放申购几天,然后继续封闭运作。

"养老目标基金的封闭期长达 3 年"这种说法还是过于简单化。目前国内已成立的养老目标基金对于每笔申购资金都有 1~5 年的最短持有期要求,在锁定的持有期内投资者不能赎回。

投资者越年轻，可投资的周期越长，相应的养老目标基金就可以在初期配置更高比例的股票，投资者的封闭持有期就越长。

设置最短持有期，主要是为了鼓励投资人长期持有，而不是通过在短期内"高抛低吸"盈利。由于该基金是以养老投资为目的，投资人只有长期持有，才能充分享受到复利的累积效应。

在权益资产和债券资产的比例分配上，养老目标基金随着时间推移而变化。比如采用目标日期策略的养老目标基金会随着目标日期的临近，逐步降低权益类资产的配置比例，增加非权益类资产的配置比例。《养老目标证券投资基金指引》规定，最短持有期分别为1年、3年、5年的养老目标基金，其权益类资产比重最高分别可以达到30%、60%、80%。最短持有期越长，权益类资产在前期的配置比重就越大。

养老投资核心理念：下滑曲线

对于目标日期型基金来说，下滑曲线的设计决定了其收益潜力。基金公司在设计产品的下滑路径时，主要考虑三个方面：投资者年龄、投资者对退休储蓄的需求、基金经理对未来经济的预测。

一般来说，投资者年龄越大，对投资风险的承受能力就越弱，权益类资产比重就越低；投资者对退休储蓄的需求越大，对基金财富积累的需求就越高，权益类资产比重就越高；基金经理对未来经济越有信心，则权益类资产的比重也越高。

下滑曲线的设计主要分为两种类型。一个是呈阶梯下滑

第五章　养老目标基金集结中的主力军

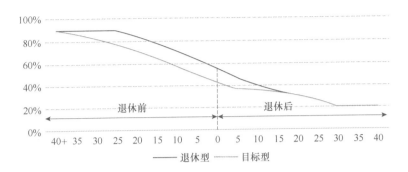

趋势的退休型，一个是呈现直线下滑趋势的目标型。

上图是美国普信基金旗下的养老目标产品的下滑曲线设计类型，阶梯下滑的退休型曲线在最初几年始终保持了较高比例的权益资产比重，如果操作得当，盈利空间较大，对于前期快速累积财富有很大帮助。阶梯下滑的退休型曲线关注整体收入水平，于对冲通胀风险和长寿风险十分有利。

相比之下，直线下滑的目标型曲线在最初就逐渐降低了权益资产的比重，并在退休以后采用更为"平滑"的方式降低权益资产的比重。这有利于在投资者退休后领取数额稳定

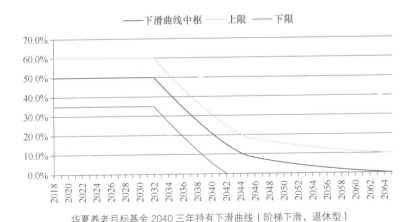

华夏养老目标基金 2040 三年持有下滑曲线（阶梯下滑，退休型）

的退休金,最大程度地使投资者退休后免受金融市场波动的影响。直线下滑的目标型曲线在权益资产的配置比例上更加保守,适合对抗市场波动风险。

养老目标基金有多少相关费用?

养老目标基金的费用主要包括以下四种:认购费/申购费、赎回费、管理费、托管费。

认购费/申购费是在买入基金时需要交的一笔费用,在基金募集期(也就是基金成立前)买入,称为认购费,在基金成立后买入,称为申购费,一般来说认购费比申购费更便宜些,可看作基金公司对最初购买者的优惠。股票型基金的认购费率在1%～1.5%,债基认购费率一般小于1%,货币型基金一般是不收取认购费的,但会收取一定比例的销售服务费。养老目标基金是混合型基金,一般来说权益类资产比重越高,认购费可能略高一些。

赎回费发生在卖出基金之时,为了鼓励投资者长期持有,一般基金赎回费率设置会随着持有时间的增加而递减,也就是持有基金的时间越长,卖出时的损失就越小。一般来说,在购买后7天之内卖出,赎回费率为1.5%,在购买1年之后卖出就不需交或者只用交很少的赎回费用。就养老目标基金而言,因为设有1年、3年、5年的持有期,目前持有到期时是不收取赎回费用的。

管理费是投资者交给基金公司的费用,托管费是交给资金托管银行的费用。

FOF类基金产品的管理费和其他基金有些不同，由于FOF的投资标的是基金产品，因此除了FOF母基金本身需要收取一次管理费之外，FOF所选中的子基金也要收一次管理费。FOF母基金管理费大体在1%上下浮动，子基金管理费依资产配置策略不同也略有区别，一般来说权益资产比例越高，子基金管理费总体会更高一些。

"双重收费"即FOF自身和所投资的子基金都要收管理费，这是大家对FOF讨论相对较多的点。不过，目前多家基金公司都设置为FOF配置自家公司管理的基金产品，往往不再另行收子基金的管理费，从而在一定程度上避免了双重收费的问题。

养老目标基金税延优惠 vs 税延养老险

正如本书前面所述，养老的支撑有三点，在美国，以"三角凳"为代称，在中国，以"三支柱"为总结。中国的"三支柱"目前分别是：政府主导并负责管理的基本养老保险为第一支柱；政府倡导并由企业自主发展的企业年金、职业年金为第二支柱；个人养老金账户则为第三支柱。

"税延"，即"个人税收递延政策"。它是对个人购买商业养老产品的鼓励——谁购买这些产品，国家就给予税收优惠。

2018年5月起，养老保险的税延政策在上海、福建、苏州工业园区开始试点，为期1年。

税收递延不是不用交税，而是推迟交税。意思是说，在购买养老险、养老目标基金时所支出的保费/投资额，不算在所得税计算范围之内，未来退休后领取该养老产品的养老金时，再缴纳这笔钱的所得税款。税延政策其实是一种间接的税收减免政策。

说了这么多，最重要的是什么？

不忘初心，做好规划。这是养老投资中唯一重要的，也是很多人最容易忽视的事。

所谓不忘初心，就是时刻记住自己这笔投资的需求——这笔钱既不是用来给孩子做教育金的，也不是用来买房的，更不是用来在股市练手、玩短线追求套利的，而是专款专用，为养老而准备的长期投资。

我们身边常常出现一些盲目投资的现象。比如，看着某某理财产品利息比较高，二话不说就把钱投进去，结果过了两天突然发现自己急需用钱，而投进理财产品的钱一时半会儿取不出，或者取出来会有很大的费用损失，最后大呼上当、后悔不迭，对投资失去了信心。这就是不明确投资需求的典型例子。而有了明确的需求时——比如我在10年内要准备50万给孩子出国念书——投资就有了很强的目的性和计划性，也更容易达成投资目标。

养老投资也是这样的道理。这项长期投资，尤其需要不忘初心，尤其需要应对短期市场波动的气量和心理准备。

在人性面前，这很考验勇气和理性。

风险提示一：本书资料仅为服务信息，观点仅供参考，不构成对于投资人的任何实质性建议或承诺，也不作为任何法律文件。市场有风险，投资需谨慎。

风险提示二：投资人应当充分了解基金定期定额投资和零存整取等储蓄方式的区别。定期定额投资是引导投资人进行长期投资、平均投资成本的一种简单易行的投资方式，定期定额投资不能保证投资人获得收益。市场有风险，投资需谨慎。本书资料仅为宣传用品，不作为任何法律文件。市场有风险，投资需谨慎。本书资料不作为任何法律文件，资料中的所有信息或所表达意见不构成投资、法律、会计或税务的最终操作建议，我公司不就资料中的内容对最终操作建议做出任何担保。在任何情况下，本公司不对任何人因使用本资料中的任何内容所引致的任何损失负任何责任。我国基金运作时间较短，不能反映股市发展的所有阶段。市场有风险，入市需谨慎。

风险提示三：1.华夏养老2040三年、华夏养老2045三年、华夏养老2050五年持有混合等基金属于混合型基金中基金（FOF），是目标日期型基金，风险与收益高于债券基金与货币市场基金，低于股票基金，属于中风险（R3）品种，具体风险评级结果以基金管理人和销售机构提供的评级结果为准。2.在基金份额的持有期到期日前（不含当日），基金份额持有人不能对该基金份额提出赎回申请；基金份额的持有期到期日起（含当日），基金份额持有人可对该基金份额提出赎回申请。基金份额持有人将面临在持有期到期前不能赎回基金份额的风险。养老目标日期基金每个工作日开放申购，在目标日期前，对于每一笔认、申购，投资者持有期限不短于其持有期限。3."养老"的名称不代表收益保障或其他任何形式的收益承诺，产品不保本，可能发生亏损。4.本资料不作为任何法律文件，资料中的所有信息或所表达意见不构成投资、法律、会计或税务的最终操作建议，我公司不就资料中的内容对最终操作建议做出任何担保。在任何情况下，本公司不对任何人因使用本资料中的任何内容所引致的任何损失负任何责任。我国基金运作时间较短，不能反映股市发展的所有阶段。5.投资者在投资本基金之前，请仔细阅读本基金的《基金合同》《招募说明书》等基金法律文件，全面认识本基金的风险收益特征和产品特性，充分考虑自身的风险承受能力，在了解产品或者服务情况、听取适当性意见的基础上，理性判断市场，根据自身的投资目标、期限、投资经验、资产状况等因素谨慎做出投资决策，独立承担投资风险。6.基金管理人提醒投资者基金投资的"买者自负"原则，在投资者做出投资决策后，基金运营状况、基金份额上市交易价格波动与基金净值变化引致的投资风险，由投资者自行负责。7.基金评价结果并不是对未来表现的预测，也不应视作投资基金的建议。产品历史业绩不预示未来表现，基金管理人管理的其他基金的业绩并不构成本基金业绩表现的保证。市场有风险，投资需谨慎。